I0765167

prometeo
libros

LAS ENFERMEDADES CRÓNICAS DE LA DEMOCRACIA

Fréderic Worms

Las enfermedades crónicas
de la democracia

Traducción: Mónica Cristina Padró

prometeo
l i b r o s

Worms, Frederic
    Las enfermedades crónicas de la democracia / Frederic Worms. - 1a ed . -
Ciudad Autónoma de Buenos Aires : Prometeo Libros, 2018.
    160 p. ; 23 x 16 cm.

    Traducción de: Mónica Cristina Padró.

    1. Filosofía Política. 2. Filosofía Política Contemporánea. 3. Democracia.
I. Padró, Mónica Cristina, trad. II. Título.
    CDD 320.01

Traducción: Mónica Cristina Padró
Diagramación: María Victoria Ramírez
Corrección de galeras: Luciana Cicerone
Diseño de tapa: Erica Anabela Medina

Índice

Introducción

Parece que no hubiéramos pasado casi treinta años de un extremo al otro, en lo que concierne a la democracia. En 1989, en todo caso en Francia, creíamos haberla adquirido en los hechos y en las ideas. El tema del Estado de derecho había acompañado a los movimientos disidentes del este de Europa, y la caída del muro de Berlín coincidió con el bicentenario de una Revolución centrada nuevamente en los "derechos del hombre". Y he aquí que treinta años de historia parecen haber invertido todo poco a poco. Eso que aquí o allá parecía una simple regresión resulta una oleada mundial en las ideas, pero también en los hechos, e incluso en Francia algunos ponen en entredicho el principio de Estado de derecho. ¿Sorprendente pasaje de una época a otra? Nosotros hablamos de fin de la historia en nombre de la democracia y nos vemos ahora de nuevo en una historia sin fin, y tal vez sin puntos de referencia, especialmente parecería, aquellos de la democracia. Podríamos preguntarnos: ¿Cómo hemos pasado de una etapa a otra, y qué es lo que sigue?

Por lo tanto tenemos buenas razones para inquietarnos. Los dos extremos están hoy aquí. Y justamente, ellos están aquí. Ellos están aquí juntos y en el mismo momento, y definen tal vez nuestro día o nuestra época. No debemos ver u oponer esas dos posiciones extremas como dos etapas sucesivas de un periodo que ya se pasó o fue superado. Porque esas dos posiciones extremas definen juntas un problema que está presente, vivo, incluso vital, que sin duda alguna es nuestro problema, el que nosotros vivimos hoy. No son dos sucesos o una serie de eventos superficiales, que se suceden y nos dejan sin brújula o sin orientación. Sino que son dos situaciones extremas y simultáneas que justamente nos hacer reubicar nuestra brújula, porque ellas definen nuestra orientación.

¿Cuáles son esas dos posiciones? Lo acabamos de decir. Aquellos que piensan que la democracia está "terminada" porque ella ha ganado definitivamente. Por lo menos en apariencia, pero eso no es apariencia, porque esta posición anima combates a veces dudosos. Y aquellos que piensan que la democracia está "terminada" porque ella perdió, porque ella (o su ilusión) ha desaparecido, porque ella está muerta y bien enterrada, también definitivamente. Aquellos que pensaban (y aquellos que aún lo piensan) que la democracia está terminada y acabada, en el sentido del "éxito", aquí o allá, y aquellos que piensan (y cada vez más) que ella está terminada y que debemos acabarla, en el sentido de "sacrificarla", aquí y allá.

Sin embargo es otra cosa la que sucede, no solo hoy sino desde hace treinta años y también en este momento.

Lo que sostendremos aquí, y justamente por más de una razón en los dos sentidos, es que la democracia no está terminada.

Y no lo está, en principio porque ella no está acabada (en ninguna parte), y por lo tanto no está realizada. No solo que ella no es perfecta en ninguna parte, sino que ella no existe y jamás ha existido, en un lado como en otro, bajo una forma definitiva y como identidad. ¿Quién podría afirmarlo de esa manera? ¿Quién puede decir: "Nosotros, la democracia" o "Nosotros, las democracias", como si eso estuviera terminado, acabado, exitoso para unos y en contra de los otros? Pero la democracia no está realizada si entendemos por esto que debemos abandonarla, que ella está pasada de moda, o que ella no puede ya conducir nada, entre sus defectos y sus progresos, sus regresiones y sus avances –dos polos asumidos por aquellos que verdaderamente la defienden, que por lo tanto también la critican, en nombre de la democracia misma.

No terminada en el sentido en que ella está desfalleciente y amenaza-da, pero también porque puede sorprender, inventar u orientar, y no ha dicho su última palabra.

Pero desde el momento en que decimos esto, tenemos el riesgo de caer en eso que venimos de criticar. En la ilusión de una sucesión demasiado simple, por lo tanto tramposa, e incluso peligrosa. Después de haber pensado que la democracia estaba terminada, vemos que llega alguien que dice: pero no, ella no está terminada, esto va a recomenzar, ya lo verán, es pasajero.

Esta no es la tesis que defenderemos aquí, y por más de una razón. Eso que nosotros descubrimos, después de treinta años y también hoy, de prueba en prueba, es eso que esta repetición de sacudidas muestra y que no llegamos a pensarlas. Es precisamente esto: no vivimos una crisis pasajera, ya fuera ella fatal o benigna, seguida de la muerte, o por el contrario de la curación (y en ambos casos definitiva).

Lo que nosotros vivimos es algo bien distinto: un sufrimiento o incluso una enfermedad "crónica", de la que no debemos soñar con desembarazarnos, aún cuando sea necesario no dejar de enfrentarla. Una o las enfermedades crónicas, definida por males estructurales y tal vez inevitables (¿vamos a decidirnos entenderla?), pero también por resistencias e incluso progresos que pueden ser no menos constantes y reales (¿nos decidiremos a admitirlo?). Como si pudiéramos vivir no solo con las enfermedades de la democracia, sino vivir plenamente, transformándola.

Porque esta será nuestra tesis, por lo tanto debemos señalar inmediatamente los dos aspectos principales y especialmente, inseparables.

Nosotros lucharemos contra las enfermedades crónicas de la democracia, pero con dos condiciones.

En primer lugar, con la condición de admitirlas, conocerlas y reconocerlas, a condición de pensar y entender esos males estructurales, profundos, recurrentes.

Pero también, a condición de admitir y reconocer que debemos y podemos luchas contra ellos, y esto en razón de la importancia vital de eso que ellos amenazan, en principio la democracia misma, y sus efectos vitales sobre nosotros, sobre nuestras existencias, nuestro bienestar.

Y es en la democracia como en la vida. No se lucha contra las enfermedades crónicas que pueden afectarla más que cuando se tiene y cuando uno no quiere perderla. Y por ello, todos los médicos y todos los pacientes nos dirán: no es solo vivir contra y con la enfermedad, sino vivir si creemos plenamente en eso que nos hacer vivir y avanzar y que la enfermedad ha fragilizado. Lo sabemos bien, el "paciente" que sufre una enfermedad crónica no debe solo tomar cada mañana su tratamiento, su antídoto, externo a él, obligado y forzado a ello, frente a este adversario íntimo habitando en él y en su vida. Él también "debe", y especialmente no solo aceptar ese tratamiento, tomarlo, desearlo, sino recuperar la confianza en eso que espera, y por el ejercicio mismo de eso que está tocado y amenazado: la vida en todas sus dimensiones y relaciones, amorosas, amistades, sociales, creativas, etc. Enfrentamos la enfermedad cada día, pareciera que no solo para recuperar "la salud", sino mucho más para recuperar *la vida*, podríamos decir para *volver* a la vida. Pero "la vida" con todo lo que ella implica de creación, de relación: al mundo, a los otros y a sí mismo, todo lo que ella tiene de bueno. La prueba de la enfermedad obliga a tomar conciencia de las condiciones de la salud y de la vida, no para alcanzarlas como objetivos externos, sino para ejercerlos, y para rencontrarse con uno mismo, con los otros y el mundo.

Decimos entonces muy claramente, y con dos acentos diferentes pero inseparables. No sirve de nada reconocer las *enfermedades* cónicas de la democracia, sino las reconocemos como enfermedades crónicas *de la democracia*. Es decir, de algo que tenemos, no solo porque eso está amenazado por peligros (esto no es suficiente que sea, según una palabra muy criticable, un "valor"). Ni tampoco porque es también *para* la democracia (y sus principios) que luchamos contra eso que la amenaza –de manera que ella es el antídoto de los venenos que ella misma secreta. Sino finalmente, y en especial, porque es ella misma la que nos permite, sin que tengamos que dar siempre cuenta, vivir y avanzar a pesar de eso que nos amenaza la vida y nuestros progresos. En una palabra, como si debiéramos luchar contra las enfermedades crónicas de la democracia porque la democracia es un arma (y tal vez la única), que nos permite luchar contra eso que no dudamos en llamar las enfermedades crónicas de la humanidad.

Insistimos también, porque decididamente la oposición simplista de los pesimistas y los optimistas, de los pro y los contra, tiene un peso que amenaza con aplastar todo –y que forma parte de los peligros más graves del momento. No se trata en ningún caso y de ninguna manera de decir que la democracia (y la humanidad) están bien, que no son enfermas o mortales. No, sabemos bien que ellas son mortales. Pero también vitales, y no solo en el sentido de viviente, en ella misma, sino también vital, en el sentido de necesaria, para la vida humana. Y sería muy grave creer que la democracia (o la humanidad) no es mortal, de creer que esta mortalidad no muestra también (a condición de enfrentarla) una vitalidad, y una necesidad, y una orientación, en su fragilidad y su precariedad e incluso su polaridad, que impone sin embargo que cambiemos de remedio, de medicina y por decirlo de alguna manera, de régimen.

Tal es, por lo tanto, el objeto de este libro.

Tenemos en principio las enfermedades, o incluso la enfermedad original de la democracia. La llamaremos "violencia interior" o *"violación"*, presente en todos los grupos, sociedades e incluso individuos humanos, y la definiremos de manera precisa, porque la democracia es una aspiración precisa, frágil y fuerte, para dar respuesta, una orientación histórica y finalmente una manera de vivir e incluso de vivir bien, frente a ella.

Pero están también las crisis actuales que afectan y refuerzan la enfermedad original en los campos de la opinión, de la representación y de la economía y ellas tienen nombre *cinismo, racismo y ultra liberalismo*, y que convocan a la democracia como institución. Es necesario entender su estructura, sus picos o sus crisis hoy (sostenidos por cambios históricos bien reales), cómo tratarlos y enfrentarlos.

Esto es abrirse a problemas nuevos no solo políticos, en el sentido institucional, sino también vitales, y no solo nacionales sino internacionales o mundiales.

La democracia conoce esos problemas, pero ¿en qué condición y a través de qué creaciones es ella la solución, la única solución?

Estudiar esos males, pero también los bienes que ellos muestran y exigen es el objetivo de esta investigación en la que también tenemos una cierta urgencia.

Primera parte
La enfermedad original y la democracia
como aspiración: la violencia interior

1

Una aspiración moral y social

¿Cómo hemos podido llegar a esto?

Tal es la pregunta que puede hacerse hoy el que ayer creyó en el progreso democrático.

Pero nuestro objetivo no es responder a una investigación histórica, que sin embargo sería de una importancia capital ¿Cómo se ha liberado el discurso democrático, "desacomplejado", en Francia y en Europa, legitimando actitudes o acciones que ciertamente no habían desaparecido, que "estaban aquí", en vigilia o en sordina, en silencio; pero que, aún teniendo pruebas de sus efectos criminales y desastrosos, no sentían como legítimo el rechazo de todo principio universal (bajo el nombre sarcástico de *politically correct*), el odio del otro, el fascismo, el racismo, el antisemitismo (no lo creíamos pasado, pero el retorno de su reivindicación, esto alucina)?

Una vez más, esta investigación es necesaria. Solo esperamos que ella no tenga lugar después del golpe, para explicarnos los desastres, una vez sobrevenidos.

Pero nuestro objetivo aquí es más limitado y muestra un diagnóstico, con un ensayo terapéutico.

En efecto hay o hubo ilusión, pero no la que uno cree.

No es una ilusión o un error sobre el fracaso o el éxito, sino sobre la naturaleza de la democracia.

Es la "creencia" en "la democracia" como una evidencia (o incluso simplemente como una realidad) la que es una ilusión, justificando de ese modo los sarcasmos de los cínicos y de la fuerza bruta, que los cínicos encarnan y veneran por definición. Y es también una ilusión, esa otra creencia, esta creencia del fracaso total de la democracia, que produce no solamente la satisfacción de los cínicos sino también el sufrimiento (y muy doloroso) de los demócratas.

En realidad, lo que nos enseña la época presente, eso a lo que ella nos obliga, no es a renunciar a la democracia después de haber creído y esto en nombre de los obstáculos exteriores supuestamente invencibles, que serían la única realidad, y finalmente solo la realidad.

Lo que nos enseña la realidad de la época presente, eso a lo que ella nos obliga, es a renunciar no de manera general y vaga a "la democracia" en nombre de esos obstáculos, sino a renunciar a una *falsa concepción* de la democracia, y también de sus obstáculos, de eso que se opone a ella, de manera natural, original o, si osamos decirlo, de manera congénita.

Si, no hay error en "creer" en la democracia, o lo que es más hacerlo con el criterio de "progreso" y por lo tanto de "regresiones" contemporáneas como lo hacen otros espontáneamente.

Pero nos engañamos justamente respecto de la democracia, si creemos que ella no nace desde el comienzo, y no desarrolla luego su historia, su progreso (y también sus regresiones) contra esos obstáculos, que no están allí para desaparecer. Y nos engañamos con respecto a esos obstáculos si creemos que ellos son "originales", como una "naturaleza" única e inmutable o como un "pecado" irreversible, sin resistencia. Y no como una faceta o una tendencia, *inseparable una de la otra*, que se oponen y que son nativas y "congénitas" en la vida humana. Una tendencia, una faceta, pero inseparables de aquellas que se le oponen y que resisten, en una tensión, una polaridad "originales", pero justamente como tensión o polaridad que implica que podamos sostener, contener a esos obstáculos, e incluso resistir y superarlos. Ella no implica que no podamos decir nada, ¡muy por el contrario!

Una tensión que, bien lejos de sustraer sentido a la vida y a la democracia, se lo da, o más aún, lo *hace*.

Pero en efecto, a condición de luchar contra una falsa concepción de la democracia y de eso a lo que ella se opone, desde el inicio, en nuestras vidas.

Por lo tanto, para responder al sufrimiento democrático y también a la violencia de los cínicos, importa vitalmente redoblarla, responder con la mayor precisión posible a algunas cuestiones simples, en las que el movimiento sea resultado de eso que lo precede.

¿Una aspiración, pero cuál?

¿Cuál es entonces la naturaleza y lo que le da su fuerza, o por decirlo de alguna manera la atracción, de la democracia?

No dudamos en decirlo de una sola palabra, puestos a precisarla inmediatamente, e incluso a condición de precisarla lo más pronto posible, que la respuesta a esto devino por múltiples razones inaudible, incluso inadmisible.

Eso que hace la fuerza de la democracia, lo que conserva su potencia de orientación es, en nuestra opinión, que la democracia no es solo como se cree un régimen político, un sistema de instituciones políticas (por más importante que sea y volveremos a esto), sino que ella es también, o más aún, que ella es en principio, una aspiración, una aspiración que llamamos moral, pero de manera indisociable también social.

¿Una aspiración moral? ¿Pero cuál aspiración moral? ¡Aquí es necesario ser muy preciso y de manera inmediata! En tanto aspiración moral ha sido deformada, utilizada, instrumentalizada, en combates dudosos y en guerras injustas.

Una primera etapa para definir la democracia, importante pero insuficiente, es la siguiente.

La democracia ¿no es ella una aspiración moral y social (por lo tanto también política) que surge de las "violencias" entre los hombres, y de su negación, y del deseo de traducir ese rechazo en instituciones (por lo tanto también políticas)?

Sí, pero esto no sería suficiente.

Es importante ser más preciso aún para entender la fuerza, e incluye lo histórico, y las debilidades de la democracia. No es suficiente, en efecto, definir a la democracia por el rechazo a la violencia, que en general, amenaza la vida humana. Por el contrario. Porque esto conduce a una dimensión que podría ocultar, amenazar, y finalmente destruir la aspiración democrática.

¿Cuál es la función, en general, de lo social y de lo político?

Ella consiste en tratar de organizarse colectivamente para proteger a los seres humanos de los peligros vitales, para luchar contra las catástrofes y las agresiones, en general contra la desaparición y en particular contra la guerra, por lo tanto, en un sentido muy general, contra la "violencia". Y esto es seguramente absolutamente prioritario y vital en el sentido más simple del término.

Sin embargo no es solo la lucha contra la violencia en general lo que es suficiente para definir a la democracia. Pero puede servir para criticar a la democracia, y a los supuestos límites de la misma. Si ella se muestra "débil" o insuficiente para luchar contra esas violencias o esas desapariciones, esos riesgos vitales o mortales que afectan no solo a los individuos sino a las sociedades humanas, entonces no dudaríamos en criticarla o abandonarla.

Por lo tanto hay algo más preciso en la aspiración democrática.

Y es importante definirlo con precisión, para evitar la renuncia, pero también la peligrosa idealización moral de la democracia.

El rechazo de las violencias interiores

Vamos rápidamente a lo esencial.

Lo que hace la fuerza, pero también la debilidad de la democracia, es una aspiración que no nace de la "violencia" en general, sino de *algunas* violencias bien precisas (aquellas que designaremos con el nombre más riguroso de "violaciones").

¿Cuáles son ellas? Nosotros llamaremos aquí democrática, a la aspiración moral y social que nace del rechazo de la violencia *interior* entre los seres humanos; de la violencia que surge del interior de las sociedades, de las relaciones y de los grupos, aún cuando ellos estén definidos para luchar contra otras violencias exteriores; que también surge en las relaciones y en los grupos; que surge también en las relaciones y los grupos definidos por eso que llamamos a veces no solo una interioridad sino una *identidad*, incluso una *intimidad* singular.

Si, la "violencia" puede surgir e incluso surge, inevitablemente, en *todas* las relaciones humanas, incluyendo las más privadas y las más vitales. Ella toma allí el nombre de *violación*, que define un riesgo vital y mortal, un riesgo vital no menos mortal que los otros, aún cuando generalmente está bien eclipsado por los otros. Incluso cuando él no sea menos trágico, si no es el único trágico o si, más precisamente si no define lo trágico en la existencia o en la especie humana. ¡Porque él designa la violencia surgida de las relaciones que supuestamente nos protegen de la violencia!

Tal es en todo caso, el principio que define la democracia: luchar no solo contra los males exteriores, sino contra los interiores, buscar no solo la seguridad sino la justicia, porque la injusticia es inseguridad en sí misma, en el sentido más vital y mortal de la palabra.

Pero podríamos sorprendernos con semejante definición, que parece no solo exceder sino eludir el sentido habitualmente político del término "democracia".

¿Es este el caso?

Es por eso por lo que hay que preguntarse en el presente, para comprender que, por el contrario *solo* esta definición da cuenta de las exigencias políticas que definen la democracia, hasta en el término que la designa, y los principios políticos fundamentales sobre los cuales ella se sostiene.

El gobierno de los gobernados

Para esto, ciertamente, es necesario ir más allá de la caracterización exterior de la democracia, en los términos habituales de las ciencias políticas.

Debemos ir más lejos que la caracterización generalmente verbal de la "democracia" como gobierno "del pueblo", es necesario entender por ello una oposición técnica o tipológica entre esto y el gobierno de uno solo (monarquía) o de algunos (oligarquía o aristocracia).

Si la democracia nos moldea tan profundamente, es por razones más fuertes. Es porque ella no se distingue de los otros regímenes solo por razones técnicas, sino que se opone como por una diferencia de naturaleza y por razones de principios, que podríamos llamar morales, sociales o políticas, como queramos.

Con todo, ese rechazo de las violencias interiores por el cual definimos a la democracia, reúne también la característica más clásica de la democracia, y los principios sobre los cuales ella se basa.

¿Cuál es efectivamente el principio político de la democracia, inscripto en el nombre que la designa, con su profundidad, pero también con su paradoja interna?

La expresión "poder del pueblo" que designa a la democracia reenvía, por una profunda paradoja y como una inmediata reivindicación, al poder de aquellos que son dominados por el poder, o, para decirlo de manera más simple, a eso que nosotros llamamos *el gobierno de los gobernados*. El gobierno de los gobernados, seguramente, pero no solo en el sentido del gobierno *sobre* los gobernados, sino también el gobierno *para* los gobernados. La "democracia", esto se entiende en su propio nombre, con su suerte histórica, ¿Qué otra cosa es que esta reivindicación o esta aspiración al gobierno de los gobernados, a eso que aquellos que son el objeto del poder sean también el sujeto?

En algún sentido es más simple que eso, esos dos sentidos del "genitivo" (subjetivo y objetivo) en una sola y simple expresión (el gobierno de los gobernados), esta inversión o mucho más, este *equilibrio* en la relación es la que define lo político. Igualar esos dos términos, poder y pueblo, que son finalmente dos términos de una misma relación, la del poder o del gobierno.

La idea de la democracia por lo tanto puede ser tomada como una forma entre otras, de una relación de poder que puede involucrar otras: uno, algunos, o todos, sobre todos, ejerciendo el poder, en una sociedad. Tal es la tipología exterior más clásica: monarquía, oligarquía, democracia.

O por el contrario, como la única forma de régimen y de poder que toma seriamente al poder como una *relación,* pero entonces con el riesgo interior de un abuso o de una violación fundada en una asimetría constitutiva, y que trata de corregir esos abusos o esta violencia, emparejándola.

La democracia toma claramente el riesgo (como se ha visto en la historia) de un ciclo casi infinito de peligros; porque ella no está inmunizada contra la violación y si el "pueblo" abusa de su poder sobre el "pueblo", ¿quién la protegerá? De esa forma, el riesgo interior en la relación de poder implicará en la democracia, *no el poder absoluto del pueblo, sino por el contrario la autolimitación absoluta del poder del pueblo sobre sí mismo.* Y este punto es sin dudas crucial. Pero finalmente la idea de democracia, si bien ella es un caso entre otros en una tipología de relaciones de poder, es bien definida por el riesgo *interior* de toda relación de poder, el riesgo es de que el poder devenga en un abuso de poder o una violencia o incluso más precisamente, una violación (como en el caso de la tiranía).

Debemos tener en cuenta aquí una cuestión esencial: si toda relación, incluso la más íntima entre los hombres (si, incluso el amor, la amistad) incluye ya el poder, el riesgo del abuso de ese poder, por lo tanto de una violación, a la inversa, el poder a escala de una sociedad entera se define *otra vez* como una relación interior, y su violencia no solo como violencia exterior, sino como una violencia interior y en efecto, como una violación.

Entendida de esa forma, la democracia es por lo tanto el régimen político que lucha, no solo contra las violencias exteriores al grupo sino contra las violencias que le son internas, e intrínsecas en principio a la relación de poder como tal, cuya institución es inevitable como en otras relaciones humanas concretas como la educación y el cuidado, es decir el *gobierno*. Es precisamente porque esta relación es vital, como la educación y el cuidado (es necesario, y Freud lo describe de esa manera, definiéndolos juntos y con rigor como los tres oficios imposibles), y sin embargo atravesado por el poder y por sus riesgos, más íntimamente incluso que los otros, que podemos definir a la democracia como la lucha no solo contra las violencias externas sino contra los riesgos internos, y por lo tanto como la exigencia de un gobierno de los gobernados.

Sin embargo debemos ir más lejos: ese riesgo de asimetría, de abuso, de violación, no es solo un "riesgo" abstracto e hipotético, como si él no pudiera producirse. Por el contrario, él es constitutivo de la relación de poder, su riesgo, incluso deberíamos decir su peligro íntimo, su tendencia y en efecto su propia "enfermedad", porque ella es incubada en toda relación humana para amenazar con destruirla, y con ella eso que esta relación está obligada a proteger y hacer vivir.

La experiencia misma del gobierno con sus riesgos y en realidad siempre con sus transgresiones y sus abusos, es eso que implica la exigencia de la democracia. Ella lo supone como los principios de la democracia, la libertad, la igualdad, la fraternidad, que ella hace surgir, bajo el signo de la violación que comienza por transgredirlos, pero que los eleva para oponerse a ellos. Hay como una aspiración a eso que el riesgo inherente a la relación de poder o del gobierno sea conjurado y superado, apoyándose sobre sus principios. Es la aspiración democrática misma. De tal manera, es la experiencia de esta violencia interior a todo grupo y a toda sociedad política, la que justifica la democracia.

Pero lo que explica su fuerza entraña también su debilidad, frente a un riesgo que podemos decir exterior, pero que sin embargo no por ello es menos peligroso.

Una violencia vital contra otra

Ciertamente, comenzamos por insistir, que la experiencia de la violencia interior al poder (es el caso del decir) de hacer literalmente inviable la vida humana e incluso a veces de hacernos "morir" sin tener necesidad de eliminarnos, por actos que son en apariencia "menos" que la muerte o el asesino, pero que pueden mostrarse (y no solo en las experiencias externas) bien "peores" que la muerte.

Es suficiente pensar en eso que una humillación, aún mínima, puede producir aparentemente en un ser humano dotado, además de todos los medios de subsistencia e incluso de confort.

Sin hablar de la humillación social que trabajan algunos regímenes llamándose democráticos, pero que no ven lo propio de la democracia que es precisamente construir una sociedad sin humillación.

Por lo tanto, hay un impacto literalmente vital de la violencia al interior mismo de las sociedades, de los grupos y de las relaciones entre los seres humanos, como si esas relaciones tuvieran justamente algo de vital, siendo la condición misma de nuestras vidas. Ese es el caso.

Pero todo sucede como si esta violencia interior y vital encontrara un obstáculo a su propio reconocimiento, y por lo tanto un peligro suplementario y siempre recurrente él también, en la experiencia de otra forma de violencia, contra la cual el "político" parece en principio darse vuelta, y que también es una violencia vital, pero que podemos llamar "exterior". Exterior, no ciertamente en sentido secundario, sino simplemente en el sentido en que ella interviene entre seres humanos que no están ligados en principio a una relación común, ya sea que se trate del amor o de la amistad, de la cooperación social o de los principios de una sociedad política. Ella puede también venir de la "naturaleza". Los dos ejemplos extremos de esta violencia que amenaza la vida de los individuos y de los grupos, son con seguridad las catástrofes y las guerras, los riesgos naturales y las agresiones externas. Ciertamente en un sentido, es menos trágico verse agredido del exterior que traicionado en el interior, y el riesgo más mortal de todos, aquel que cada sociedad odia (incluyendo, en principio una sociedad democrática), es el de la guerra civil. Esta es a la sociedad lo que la traición es a la amistad, y es mucho más cruel aún, cuando uno recibe un golpe, de saber que viene de un amigo, y es también el ejemplo mismo de una violación. ¡La experiencia de la violencia exterior no debería en ningún caso abolir la de la violencia interior! Por el contrario, ella debería convencernos que debemos luchar contra la violencia interior en principio a fin de poder resistir del mismo modo la que viene de afuera.

Y sin embargo, ese no es el caso.

Todo pasa como si la violencia interior entre los humanos, siempre corre el riesgo de pasar antes o después de las violencias u otros riesgos externos (las catástrofes y las guerras) que, ciertamente, son también sus urgencias. La razón es simple y más de un filósofo simplemente la anunció antes de sacar sus consecuencias más profundas. En principio es necesario vivir. *Primmun vivere*. Y si en verdad debemos morir, incluso padecer dolores "peores que la muerte" por causa de violencia interior, la violencia exterior amenaza por definición la existencia misma del individuo y también del grupo, ya que ella constituye como un todo, supuestamente homogéneo y sin fisuras (incluso cuando él es siempre traspasado). Teniendo por origen, o en todo caso por exigencia y por principio luchar contra las violencias externas, todo sucede como si los grupos humanos silenciaran u ocultaran sus violencias internas. Esto puede comprenderse. Siempre es difícil sostener que el principio puede venir del interior, que el remedio incluye el veneno, que el amor incluso puede convertirse en odio, mientras tenemos fácilmente tendencia a hacer enemigos exteriores, los unos contra los otros, ellos y nosotros.

Por lo tanto, la aspiración o la exigencia democrática están amenazadas por este formidable adversario. Y esa es seguramente también la cuestión hoy, sino hoy más que nunca antes. Desde el momento en que un atentado, un ataque o una catástrofe alcanzan o amenazan una sociedad "democrática", ¿esta no suspendería (y tal vez está en su derecho, si es por un tiempo y justamente bajo el signo de la "urgencia") sus propios principios, sin embargo vitales? Pareciera que este es el caso, y una de las dimensiones más admirables de nuestro tiempo, donde creemos descubrir con espanto que esto "regresa" mientras que justamente se trata de uno de los males constitutivos, más exactamente una enfermedad crónica de la democracia.

¿Por qué no la llamamos exactamente "enfermedad crónica"? La razón es simple. Esto que nosotros llamamos enfermedad crónica "de" la democracia es algo que, tal como en los seres vivos, la mina "desde adentro", su riesgo es permanente e íntimo a la vez.

Y por lo tanto debemos no solo hacer la diferencia, sino también evitar cualquier confusión.

Porque existen filósofos que han osado sostener que lo "político" consistía, ante todo y exclusivamente en la amenaza "exterior", oponiéndose desde ese momento a la identidad, es decir no solo a la existencia, sino también a la esencia (quién sabe) de un grupo. Amigo/enemigo: tal sería la llave de lo político y decimos (con la pompa de esos autores) del "concepto" de lo político. Ellos ven de manera precaria la definición de lo político por la violencia interior de un grupo, que ellos transforman también en guerra intestina o civil, inventando hasta el cansancio "enemigos interiores". Ahora bien, existen enemigos seguramente, definidos no por las identidades sino por los actos, no por su alteridad, sino por su agresión, y contra los cuales es necesario defenderse. Pero esto no quitará nunca nada de la violencia entre amigos, de la violencia interior, de la cuestión de la justicia en un grupo, una sociedad o una relación humana, que es otra vertiente de lo político. A esta otra fase de la política algunos querrían hacerla desaparecer, incluso contaminarla con el espectro de la violencia exterior y de la guerra. Entonces es ella quien, conjurando su propia violencia puede, sino eliminar la guerra, al menos reducirla a la legítima defensa y a la guerra justa, y así resolver el otro problema fundamental de lo político.

En esta instancia tocamos un punto esencial. Para algunos tan esencial que hace casi imposible mantener la democracia. Pero no. Nosotros somos más o menos pesimistas. Somos también más pesimistas, porque sostenemos que existen, además de esas violencias exteriores y ciertamente mortales, otras violencias interiores no menos mortales y al mismo tiempo también más trágicas (en realidad ellas *definen* lo trágico). Pero lo que deseamos sostener ahora es bien simple y nos debe orientar, más allá de todo optimismo ingenuo: esta violencia interior hace surgir principios, soluciones que se oponen, y que están en el corazón de una aspiración democrática más vital de lo nosotros podemos creer.

Violación y libertad

La experiencia de la violencia interior tiene algo, lo repetimos, de cosa vital.

Bajo su forma extrema (que podemos llamar "opresión") y por su misma violencia, puede ser silenciosa pero del mismo modo aplasta. Ella destruye.

Por lo tanto no intentaremos reducirla a principios abstractos. Como si la "violencia" aspirara a principios universales (y en principio solo alcanzara a los rostros y a los cuerpos).

La violación, en el sentido en que nosotros la tomamos, no es solo la violación de una regla o de una ley. Es la vulneración de una relación humana, del interior de esta, al punto tal de alcanzar la vida en cada uno de sus fines. De esa forma la traición destruye no solo la amistad, sino algo en los amigos, e incluso su vida misma. Sin embargo, ¿qué "ley" viola ella?

Tendremos razón, en consecuencia, al decir que esos principios abstractos que definen la democracia, la libertad, la igualdad misma, no son nada sin las relaciones humanas y es por eso además que volvemos cada vez más seguido hoy, de manera reveladora, al tercer término de la divisa republicana en Francia, la "fraternidad". Tenemos razón en este punto, pero no forzosamente por las razones que nosotros damos. Porque es necesario regresar a la fraternidad, no es como una evidencia simple y unilateral. Por el contrario, como lo veremos inmediatamente, es posible que ella oculte también un obstáculo o un mal "crónico", y lo más grave tal vez es que amenace a las sociedades democráticas y por lo tanto también a las vidas humanas.

Todo esto es exacto.

Y sin embargo, es cierto también que la experiencia de la violencia interior entre los hombres, cuando ella se formula, y lo muestra a través de una larga experiencia histórica, lo hace a través de principios universales, ante todo aquellos de la libertad y de la igualdad, en eso que ellos tiene además de inseparables.

Esos principios que surgen de la violación entre los humanos, están sin embargo en el corazón de la aspiración democrática, la definen, así como a su historia.

¿Pero porqué?

Es bien simple.

Ellos responden a la misma cuestión que surge de la violencia, o aún más, a la violación: ¿Qué es lo que me pasa o que es eso que "tú" me haces? Aquí también es necesario ser bien precisos. La violencia entre los humanos, no es solo la experiencia de una fuerza contraria a nuestros deseos. Es la experiencia de una fuerza contraria a nuestra libertad. Contraria no solo a eso que nosotros *hacemos*, sino a eso que *nosotros* somos, a eso que descubrimos precisamente cuando nos lo impiden, que somos, queremos ser y debemos ser reconociéndolo como un principio natural. Por lo tanto no hay poder ni violencia entre los humanos que no haga resaltar también la experiencia de la *libertad*. Pero también de la igualdad. Porque la cuestión es también, y no menos inmediata: "¿De qué derecho?". "¿De qué derecho, tú?". No podemos "justificar" la violencia entre iguales. O más aún: lo que debemos decir es lo contrario; no debemos hablar de violencia, y en todo caso de violencia interior y de violación, *sino* de la parte y entre seres *libres e iguales*. La violencia, o el sentimiento (irreprimible) de violencia interior entre los humanos postula y pone en evidencia la libertad y la igualdad. Destruyéndolas, ella las hace surgir, libertad e igualdad, entre los términos de esta relación que ella trata de dañar y que ya eran iguales y libres en el bienestar, pero sin saberlo.

De esa forma, la experiencia de la violencia interior no solo reúne los principios de la democracia que son inseparables sino que en realidad los funda y renueva siempre, de manera crónica.

Justicia e injusticia sociales

Ahora es tiempo de precisar el sentido de este adjetivo que podríamos creer secundario en la definición de la aspiración democrática, cuando caracterizamos a esta como una aspiración moral – *y social.*

Porque nos engañamos e incluso invertimos generalmente la relación de lo "moral" y de lo "social". Creemos que pasando de lo moral a lo social, vamos del interior al exterior. Pero nos equivocamos con respecto a lo social, y sobre el origen de los principios éticos y políticos, libertad, igualdad, fraternidad. Lo que debemos subrayar aquí, que liga profundamente lo social e incluso lo económico con la democracia, es que no se trata en absoluto de relaciones exteriores, sino más bien de relaciones interiores, con sus propias violencias, que convocan, como todas las violencias interiores, a los principios. En realidad hay relaciones *sociales* en el origen de la libertad, la igualdad, y de las violencias a las que ellas se oponen.

El punto esencial lleva sobre el conocimiento de la dimensión interior de las relaciones sociales y económicas, y de sus riesgos o de sus posibles violencias (que en realidad son estructurales).

Creemos en la teoría dominante hoy de que las relaciones sociales y económicas, las relaciones de trabajo y de producción, tienen lugar de manera puramente exterior entre individuos separados.

Pero seguramente no es de ninguna manera el caso. Por el contrario. Los seres humanos se toman en principio y de manera constitutiva en los espacios interiores de interdependencia que llamamos desde siempre sociedades. El reconocimiento de esta interdependencia es también un hecho central, que se basa en una condición vital, en la medida en que desde nuestro nacimiento hasta nuestra muerte, y seguramente en casi todos los estadios intermedios, nosotros tenemos necesidad de los otros, así como de una organización común frente a las necesidades y tareas, que nos permiten dar respuesta. Un error grave sería entonces, cortar la economía de esas relaciones vitales. Promover una relación de yo a yo a través de la noción de interés, donde la sociedad no sería más que un marco exterior de regulación.

Ahora bien, esas relaciones siguen siendo relaciones. Ellas no deben conducir a pensar a la "sociedad" como una unidad indivisa, un todo sin conflictos y guiado por "valores", ellos mismos constituyendo un bloque unitario y sin falla, eso que llamamos una "comunidad". Y como siempre, lo que viene a confirmar esa dimensión relacional, que impide a su vez toda reducción a los individuos aislados y todo refugio en una comunidad sin individuos, es la experiencia de la violencia, o más aún, porque aquí se trata también y ante todo de las rupturas de las relaciones interiores, de la *violación*. No hay relaciones "sociales", en el sentido que le estamos dando aquí, sin los riesgos o mejor dicho la presencia de violencias interiores a esas relaciones, y por lo tanto sin que surja también una idea que será consubstancial a la "democracia" y que es la idea de justicia en el espacio social.

También es cierto que esta dimensión social, presente de manera constitutiva en toda "sociedad", explica porqué la aspiración democrática incluye, de manera consustancial el rechazo de esta violencia social, que está ligada a la cooperación económica, y que tiene por lo tanto también, una dimensión vital.

Ella produce la irrupción de un segundo sentido de la noción de igualdad, e incluso de libertad, frente a ese segundo régimen de violencias interiores.

Ciertamente hay un último principio que es necesario recordar. Es la "fraternidad". Pero, lejos de indicar el principio inmediato de una paz social absoluta, él reenvía al riesgo más íntimo que no deja de volver y que debería orientar no solo todo nuestro trabajo aquí, sino toda nuestra acción, hoy.

Fraternidad contra fratricidio

Escuchamos cada vez más frecuentemente decir, y en apariencia por muy diferentes razones, que la "libertad" y la "igualdad" no son suficientes para definir la democracia, que es necesario incorporar el tercer término del lema republicano en Francia, la "fraternidad".

Pero nos engañamos respecto de sus razones, y solo vemos las restrictivas, que también valen para la libertad y para la igualdad, pero que olvidamos aún más para la fraternidad. ¿Cuáles son esas razones? Ellas son simples de entender y de enunciar. Es que lo que hace de la fraternidad, un principio político no es lo que se cree. No se trata de una simple extensión del amor que sería en principio fraternal en el sentido parental sino biológico del término. Muy por el contrario, lo que hace de la fraternidad un principio político, es en principio la violencia que puede surgir en las relaciones parentales, e incluso fraternales, en el sentido biológico o vital del término. Lo que hace necesaria a la fraternidad, en el sentido moral, social y político del término, es simplemente la posibilidad y a veces la realidad que aparece en cada gran cultura humana, aún si ella no la define en tanto que cultura, (y aún más que el tabú del incesto) del *fratricidio*. Insistamos brevemente. La fraternidad de la que se trata en el lema republicano, no es un hecho ni tampoco un sentido biológico. Se trata, por el contrario de un principio y más profundamente también de una aspiración, que surge de la posibilidad e incluso de la realidad de la violencia íntima y por ejemplo fratricida, y que surge justamente para permitir la continuación de esas relaciones íntimas que son necesarias a la vida, pero cuya inesperada precariedad (siempre sorprendente) refuerza también la importancia vital, lo que implica también la necesaria etapa de su enunciación legal, a través de un principio moral y social, la institución y la política. Atravesada por el riesgo del fratricidio, debiendo ser enunciada como un principio, la fraternidad no desaparece como sentimiento, sino que por el contrario se refuerza y deviene una aspiración. Ella puede, sin dejar de ser íntima, convertirse en universal.

De ese modo, nos engañamos cuando creemos que la fraternidad viene a añadir el amor a los otros principios republicanos, o democráticos, y esto contra una violencia que amenazaría más desde el exterior, o del afuera.

En realidad, ella confirma un mal crónico más preciso, una división interna extrema que, convoca e implica remedios morales y sociales no menos precisos.

Los males de la fraternidad son en realidad el modelo de las enfermedades crónicas de la democracia. Debemos aprender a vivir no solo con el odio en general, sino con el riesgo del odio, en el amor; con el riesgo de la traición, en la amistad; con el riesgo de la guerra, en la ciudad, en la familia y en todos los lugares que son aquellos de la vida humana.

Aprender a vivir con el riesgo de todo esto, con el estallido de lo insoportable, hasta en los pequeños signos cotidianos; el vecino que golpea su puerta, el insulto que sube a los labios, y todo eso que es necesario contener y conjurar.

Pero es muy difícil de admitir.

Porque podemos tal vez concluir provisoriamente diciendo que la democracia es la lucha contra una división interior que toma diferentes formas, pero que ese término común de violencias interiores, o más precisamente de violación es suficiente para resumirla, esta lucha incluye o implica una *orientación*, indica un camino de resistencias, y una tarea.

Y la ilusión sobre la realización de la aspiración de la que venimos hablando, o la desilusión que la sigue, están entre los peores peligros que hoy nos amenazan.

2

Una orientación histórica

Lo dicho precedentemente tiene una consecuencia que puede parecer secundaria, pero que en realidad está en el corazón de la crisis en el presente, y que incluso debe definirla, por lo que ella es verdaderamente.

Esta crisis es justamente una crisis del presente, una crisis que conduce precisamente sobre la idea misma de presente, de modo que podría tener su lugar en el encadenamiento entre un pasado y un futuro, tener un lugar, dicho de otro modo, en una historia.

De dónde viene también su gravedad.

Porque nosotros sabemos que hay también una *historia,* un presente entre un pasado y un futuro claros, un encadenamiento de hechos que tiene un sentido, una orientación que permite definir –y producir– progresos, y también ¿definir –y de evitar– regresiones? ¿No tememos que todo esto no tenga más ningún sentido?

Podemos tener crisis, en la historia y en el progreso, pero si hay una crisis de la idea misma de la historia y del progreso, entonces convengamos que la crisis es aún más grave.

Nadie puede negar la necesidad de responder a este desafío.

Pero ¿de dónde viene esta crisis del presente? ¿Esta crisis de la historia?

La respuesta se impone.

Ella viene precisamente de la ilusión, luego de la desilusión, y en realidad del error, sobre la idea y sobre la aspiración democrática.

Que debemos hacer para hablar de historia, es decir, para que hayan, no solo sucesos en todos los sentidos, en todos los niveles, si podemos decirlo (¿y no es esta la impresión que todos tenemos hoy?), sino más bien *una* historia con "un" sentido?

Debe ser, justamente, eso que parece que nosotros tenemos con la "democracia".

Por un lado una aspiración, una *meta* a realizar, positiva, última: la democracia, la libertad, la igualdad, la justicia.

Y por otro lado, los *obstáculos* que se oponen y que por lo tanto nos separan, nos tiene a distancia de ese objetivo.

Sin embargo las cosas parecen bien simples. Esos obstáculos implican, y explican, algo muy importante: el tiempo que nos separa de la realización de la meta y que nosotros nos proponemos alcanzar. Sin embargo ese tiempo, porque él nos separa de un objetivo, no es tiempo perdido, él tiene un sentido, es nuestra historia, o más aún, es "la historia" con eso que siempre la definió a los ojos de la "filosofía de la historia", es decir una y una única historia, una historia única o más aún, "universal". ¿Y cómo no sería ella, dado que eso que la define, es el tiempo que nos separa de la realización de la democracia y de sus principios, que tienen algo de universal?

Tal es la idea.

Pero tal es también la idea que está en crisis, y donde la crisis profunda al mismo tiempo nos desorienta profundamente sin saberlo, mientras estamos orientados por esta idea y por su "sentido".

La idea de una crisis de la democracia y de la historia, no es para nada una idea para intelectuales atados a las ideas, una consecuencia secundaria de una crisis además, seria y grave. Por el contrario, es la crisis más grave del momento, la tela de fondo de todas las otras.

Todo sucede como si el "fin" anunciado de la historia, no fuera en realidad su éxito, ni tampoco su fracaso ("una última catástrofe" por ejemplo o un "apocalipsis"), sino mucho más, y si se puede más gravemente, su simple y pura desaparición, en beneficio de una explosiva dispersión de sucesos en todos los sentidos, y de una desorientación radical.

Fin del tiempo, pero como desvarío del tiempo. Pérdida del tiempo en un sentido más grave de lo que creemos: no un poco de tiempo perdido, sino incluso la pérdida del sentido del tiempo, de la idea de «tiempo». Es la crisis más profunda del "presente, que conducirá a no situarlo en la historia, por lo tanto en principio de cara a un porvenir, y luego o en el mismo momento en la continuación y la transformación de un pasado.

Pero ¿esta oposición entre aquellos que "creen" (como lo dice el historiador François Hartog) en la historia como realización de un objetivo, y aquellos que renunciaron a ello frente a los obstáculos que nos separan de ese objetivo, es la única oposición posible? La situación presente ¿nos obliga a renunciar a la historia en general y solo a una cierta concepción de la historia como también de la democracia?

Tal es nuestra pregunta.

La democracia, si ella tiene una aspiración moral, también justificará una orientación histórica. Si ella define un fin a alcanzar, ¿no buscará realizar esa tarea? ¿No definiremos de esa forma un "objetivo" de la historia humana? La democracia no es solo una orientación histórica, sino que ella orienta nuestra historia, y desde hace mucho tiempo, hasta la misma modernidad se define por ella. Es esto lo que hace que la democracia no sea un régimen entre otros desde la Antigüedad, incluso más, ella caracteriza el corte histórico, entre el pasado y el futuro, lo antiguo y lo moderno.

Pero precisamente, si nos engañamos con esta aspiración, ¿no nos engañaremos también y en el mismo momento sobre esta orientación y esta historia? Y este error ¿no tendrá pesadas consecuencias, dejándonos desorientados en el tiempo, como lo estamos hoy? A partir de ese momento, ¿no deberíamos, y de manera urgente, volver sobre esta situación histórica, ver cómo ella es formulada, cómo corregirla y lo que debemos conservar, para dar también sentido a la historia, a sus regresiones, pero también a sus progresos e incluso, simplemente *al progreso*, hoy?

Esto es lo que nosotros pensamos y por lo tanto debemos oponer dos concepciones de la historia.

Dos concepciones de la historia

No hay nada más tentador, otra vez, que el "todo o nada".

El "totalitarismo" (si entendemos por esto las doctrinas que postulan un sentido "total" que justificaría todo) o el nihilismo (que sostienen la completa ausencia de sentido), esos dos extremos, cada uno con su peligro y con su cinismo.

Cinismo que consiste en negar las aspiraciones y los sufrimientos, concretos, de unos y otros, como si no hicieran nada, en efecto, esos bienes y esos males, frente a todo o frente a nada.

Pero ¿Qué se le opone? ¿Cuál es la alternativa? ¿Un relativismo o un consuelo más? "Ya lo verá. Esto va a funcionar".

No. Sino algo totalmente diferente.

Volvamos un paso atrás. Volvamos sobre la aspiración democrática, y sus obstáculos "crónicos".

Sí, hay aspiraciones morales y sociales irreductibles. Y sí, también hay obstáculos, y "crónicos" que se oponen y donde importan hacer o deshacer el diagnóstico (y la atención).

Pero entonces, ¿de qué se trata? ¿Dónde está el error?

El error, simple y capital, está aquí: haber traducido las aspiraciones democráticas en objetivos abstractos y absolutos, realizables absolutamente y, para algunos, porque no, ya estarían absolutamente realizados. (y porque no "en casa").

Ahora bien, esto no es así en absoluto.

Ahora que esos no son los objetivos que podríamos enunciar y realizar de un golpe, como si fuera un golpe de suerte.

Sin embargo son ante todo (lo hemos visto) los rechazos, los adelantamientos, y en principio el descubrimiento de obstáculos precisos, permanentes, recurrentes, crecientes sin cesar, incluso porque el indicador de progreso democrático reside en el descubrimiento de las injusticias y de los escándalos, allí donde antes no veíamos nada. Como si el desarrollo de las aspiraciones morales, sociales y políticas, se traducirían en principio por el descubrimiento de las injusticias morales, sociales y políticas, no solo crónicas, en general, sino nuevas a pesar de que siempre estuvieron allí, bajo a nuestros ojos.

Dicho de otra forma, y para decirlo en una palabra, hemos invertido el orden de las cosas.

Nos propusimos un objetivo como realizable, incluso (para algunos) como realizado, y de golpe relativizamos los "obstáculos".

Sin embargo es partiendo de la realidad del obstáculo, que nuestra aspiración permite en principio *ver* donde la superación concreta y efectiva será desde ese momento el criterio y la medida de la realización, siempre parcial pero jamás relativa del objetivo.

De esa manera la abolición de la esclavitud, o de la pena de muerte, o la institución del voto femenino, por no tomar más que ejemplos de instituciones y de aboliciones concretas, son progresos efectivos, parciales *pero no relativos*, a la vez parciales y absolutos, de la democracia.

El error es proponerse un objetivo absoluto ("la democracia") y de golpe los obstáculos exteriores nos separan, como por una suerte de accidente y de azar desdichado, del camino radiante de la historia.

En tanto nosotros estamos frente a una aspiración concreta, y también frente a obstáculos reales, donde cada superación es un progreso parcial, pero absoluto que define cada momento de la historia en su singularidad, y no en el plano de una historia universal. No un "momento" de la historia en general, sino mucho más en un caos sin significación. Un momento, si, con sus progresos y sus regresiones, pero no sobre el fondo de un "Progreso" o de una "Catástrofe".

No "un" progreso sobre "un" objetivo. Pero nunca más "nada". De los progresos frente a los obstáculos sin cesar renacen e incluso crecen (y debemos alegrarnos, porque es viéndolos que podemos denunciarlos, y es denunciándolos que los vemos).

Por lo tanto, es necesario cambiar nuestra idea de la historia, y de la democracia, o de los principios democráticos.

No solo ver la realización, sino también la efectividad de un objetivo absoluto determina el avance. Sin embargo no hay que renunciar. Porque esta aspiración define no solo el objetivo último, sino una lucha constante y precisa, contra formas exactas de males "crónicos", que se marcan por los progresos en contra da las regresiones y de los retornos.

Y no solo ella define una idea de la historia, sino, como lo dijimos, una historia que ya comenzó y que está en camino, el de la "modernidad". Porque la "democracia", contrariamente a su antigua concepción, no es un régimen entre otros, sino justamente una aspiración y una orientación moral y esto en oposición a todos los otros regímenes.

Entonces, ¿sería una ilusión? ¿Y podría ser una ilusión el motor de una aspiración y el comienzo de una historia? ¿O esto depende de la forma de concebir esa historia?

La única forma de saberlo es lanzar algunos sondeos sobre el desarrollo de esta historia de la "democracia", que no es otra cosa que la historia de la modernidad, volviendo sobre algunas figuras filosóficas que la jalonaron y marcaron el curso.

Aquellos que tuvieron la mayor resistencia para hablar de esto de la democracia, ¿no percibieron esta otra manera de pensar la historia, que también puede orientarnos (no diremos salvarnos) hoy? ¿No vieron ellos los obstáculos? Tal vez ellos juzgaron erróneamente la incapacidad de remontarlos casi con demasiada facilidad, en una historia orientada hacia su "fin". Debemos por lo tanto volver sobre sus pensamientos, sobre sus obstáculos, pero para extraer lecciones concretas sobre las tareas concretas que debe realizar nuestra historia, frente a los obstáculos y los adversarios que como ya lo sabemos, son interiores, que no dejan de volver y que no están dispuestos a desmontar.

Ellos tuvieron desde el comienzo de esta "modernidad", una advertencia inolvidable. Pero, ¿habría que ir más lejos? ¿Pudieron, a pesar de la fuerza de su alarma, minimizar el obstáculo? ¿Y qué podemos conservar a pesar de todo?

Es importante saberlo.

La advertencia de La Boétie

> Los médicos aconsejan, muy justamente, no intentar curar las heridas incurables y quizás me equivoco al querer exhortar así a un pueblo que parece haber perdido hace ya mucho tiempo toda consciencia de su mal, lo que prueba fehacientemente que su enfermedad es mortal.
>
> Étienne de La Boétie
> *Discours de la servitude volontaire*,
> Ed. T. Dragon, Livre de Poche, p. 44-45

Es un pequeño libro, capital, al cual no deberíamos darle demasiada importancia aquí, aún cuando no llega demasiado lejos tal vez porque su título podría dejar creer, y lo que deberíamos hacer hoy: es el *Discours de la servitude volontaire*, de Étienne de La Boétie.

Esto no identifica de entrada y definitivamente el mal interior del que sufre la democracia (como todos los otros regímenes), bajo el nombre de "servidumbre voluntaria"? Y ese mal no es crónico y "mortal" en la medida en que él es interior, y donde la servidumbre no es solo la que se impone desde el exterior a un ser rebelde (La Boétie evoca a los animales y también a los peces que pierden la vida cuando los sacamos del agua), sino el efecto de una profunda y paradojal pendiente interna. Si, el mal es más profundo de lo que creemos; y al mismo tiempo que el ser humano aspira su libertad, él está embargado por una misteriosa aspiración contraria que explica el poder del tirano, y que impone una medicina y un régimen de características nuevas, constante, obstinado casi crónico con su adversario. Tal es el diagnóstico del primero de los demócratas modernos. Es necesario recordarlo. No olvidarlo jamás. Y volver.

Pero, al mismo tiempo, La Boétie, el amigo de Montaigne, ¿va demasiado lejos en la explicación de su diagnóstico y la profundización de su intuición?

Mirémoslo más de cerca.

Como Montaigne, La Boétie propone una explicación a esta "desnaturalización" paradojal de un ser humano que, siendo como todos los animales, se define sin embargo por una libertad originaria. Y esta explicación, no es como en los teólogos, un "pecado original" que reclamaría una respuesta trascendente. Es una explicación muy simple y fundamental y que abre camino a una respuesta humana, totalmente humana (pero también tal vez demasiado optimista). Es la respuesta por las costumbres o por los usos. Eso que produce la "servidumbre voluntaria", lo que hace que la servidumbre entre en la voluntad que debería oponerse (y que tal vez pueda hacerlo, una vez diagnosticada la causa), no es precisamente un mal o una fuerza puramente interna: es una interiorización por el hábito, por la costumbre y por el uso. Un uso o una costumbre donde La Boétie muestra en su texto, que se expande de dos maneras: en el tiempo y en el espacio. En el tiempo: es lo propio, seguramente, del hábito. Como en la fábula de La Fontaine sobre el perro y el lobo, el animal encadenado toma el hábito, sino el gusto de sus cadenas, y es la misma práctica de la servidumbre la que se instala en su alma. La costumbre produce una segunda naturaleza, incluso cuando ella parece antinatural. La Boétie no va tan lejos como Montaigne, que pone en duda la existencia misma de una primera naturaleza (porque es posible que la naturaleza no sea más que una primera costumbre). Él sostiene la idea de una libertad "natural" (y nosotros diríamos, también vital). Pero él continúa a Montaigne, o Montaigne lo sigue, sosteniendo que el hábito puede desmontar esa naturaleza. Y agrega un segundo argumento. Más allá del tiempo, el espacio, el espacio social, la propagación poco a poco de la servidumbre. ¿Cómo se sostiene la tiranía "de uno solo"? ¿Cómo puede un ser, y generalmente de los más débiles, encadenar a la multitud y a su fuerza? Y bien, por la multitud de pequeños jefes que son sus servidores, pero que son especialmente los jefes de sus servidores. Este argumento sociopolítico completa por lo tanto el argumento psicológico. De ese modo nosotros perdemos la libertad en un proceso cuyo mecanismo muestra una explicación empírica, científica, verificable.

Pero entonces, justamente, el enemigo no es tan interior como lo creíamos a la vista de ese libro filoso e inolvidable (uno de los dos *Discursos* de Rousseau, que se dirige siempre como un grito a la humanidad moderna, a sus aspiraciones). Porque si la servidumbre no es "voluntaria" más que por la costumbre, entonces la voluntad, cuyo fundo naturales la libertad, bien podría encontrar la fuerza de liberarse, el poder de rescatar los recursos de la emancipación, y total, lo que es aún más. ¿No es suficiente abolir las costumbres serviles? ¿E instituir otras?

Finalmente, la advertencia de La Boétie abre una profunda alternativa.

O bien la servidumbre voluntaria es un mal crónico e interior, contra el cual debemos luchar con constancia y que podemos contener y superar, pero nunca abolir. O bien por el contrario, es el resultado de una costumbre que tiene su parte de azar y de arbitrariedad, y que ninguna institución puede revertir ni abolir, a condición de insertarse ella también en el tiempo y definir, de esa forma, el recorrido y el objetivo de una historia.

Ahora bien, la "modernidad" se define justamente por la segunda opción de esta alternativa. Ella ciertamente ha dimensionado, con la Boétie y algunos otros, una resistencia y un obstáculo.

Pero rechazando "naturalizarlos" (y es verdad que esta operación incluye grandes riesgos) como las "enfermedades" o una fragilidad vital y humana, ella se da también como tarea y como horizonte el superarlas y liberarnos definitivamente.

Inmensa tarea histórica la de la emancipación social y psicológica, frente a un adversario incrustado poco a poco en los espíritus y en los corazones. Y manteniendo el hilo de la aspiración a la libertad, y a la igualdad, definiremos el sentido de una historia, que es también el trabajo.

Debemos insistir sobre esta alternativa, que va a atravesar toda la historia de la modernidad: ella definirá el objetivo de la libertad, el advenimiento de la igualdad, pero descubrirá la superación de los obstáculos y de las resistencias, que imponen poco a poco otra concepción de la historia.

Pero antes de ir a eso nos permitiremos un señalamiento que nos permite invocar aquí a La Boétie y a Montaigne en el mismo momento. Podemos decir que Montaigne, contrariamente a los que creemos, haya ido más lejos que La Boétie. Porque si pare él todo es cuestión de costumbre, tanto la servidumbre como la libertad, esto significa justamente que la lucha será siempre interior y la polaridad constante, terrible, incluso trágica. ¿Cómo podemos creer que Montaigne era un manso escéptico? Él veía la potencia de esos "vicios comunes", cotidianos, implacables. Él se opone no solamente a la duda sino a las prácticas precisas, de la virtud y de la bondad. Él está atrapado en un combate crónico, no entre dos naturalezas, ciertamente, sino entre dos usos; pero es un combate vital y donde está en juego la humanidad de cada uno y de todos. Y seguramente Montaigne y La Boétie tienen, en el plano social, el mismo remedio: frente a esas poderosas costumbres de la servidumbre que se propagan de uno en uno, el remedio es en principio la otra práctica de la relación que tiene nombre de amistad, que comprende libertad e igualdad, y donde uno y el otro constituyen no solo un principio sino un *contra-poder*. Páginas admirables sobre la amistad, en el *Discurso* de La Boétie, y que podemos generalizar a las relaciones humanas. Como lo hará Spinoza. Y en nuestro siglo también, un sociólogo de las relaciones como Norbert Elías quien, retomando a Spinoza y tal vez a Montaigne y La Boétie , asignarían ese objetivo muy simple y fundamental a la vida humana: "Vivir en buena amistad con los hombres".

El horizonte de la libertad

> *Agradezcamos por lo tanto a la naturaleza por este humor poco conciliador, por la vanidad rivalizando en la envidia, por el apetito insaciable de posesión o incluso de dominación. Sin todas estas inclinaciones naturales la humanidad sería asfixiada en un sueño eterno.*
>
> Immanuel Kant
> *L'Idée d'une histoire universelle d'un point de vue cosmopolitique*, trad. Poibetta, Deno l, 1972, p. 32.

Veamos ahora un pequeño volumen que comprende numerosos textos aún más breves, y todos esenciales. Y vemos en su tapa, además de su autor, de su título y de su ilustración (una Marianne de Delacroix revisada por un pintor contemporáneo), una fórmula que ya era enigmática para un joven estudiante de filosofía en los años 1980, pero que se vuelve totalmente misteriosa, con certeza, hoy. Simplificadora, sin duda alguna, pero también reveladora, y no solo del autor en cuestión, sino también sobre el lector y sobre nuestra época.

Como si fuera en parte inteligible y nos volviera a los años 1980, nos muestra por medio de su enigma, incluso la extraña desorientación que es la nuestra, hoy.

Curioso destino de una antología que muestra también todas las etapas de la historia y de la filosofía en la Francia del siglo XX y más allá.

¿Cuál es, entonces, esa antología? Veamos: Kant, *La philosophie de l'histoire* (opúsculos). Hacemos referencia a la edición de bolsillo de 1972 en las ediciones Denoël/Gonthier.

Es ella en la que se agrega una fórmula llamativa debajo de esta extraña Marianne: "Los orígenes del pensamiento de Hegel".

Y agregamos, antes de entrar en lo fuerte del tema que ella retoma una realidad publicada en un volumen de 1947, reunido durante la guerra por un joven filósofo devenido héroe de la Resistencia, Stéphane Piobetta y publicado también con un prefacio capital de un gran filósofo muy subestimado, Jean Nabert, no retomado en 1972 (el tiempo es ingrato). La Resistencia, Hegel y nosotros, ¿hoy? Y tampoco comentaremos aquí uno de sus opúsculos más célebres: ¿Qué son las Luces?, en el que Michel Foucault vio, en los albores de los años 1980, el sentido de la misma relación con el presente y la actualidad.

Nosotros solo insistiremos aquí sobre el texto que más nos interesa según nuestro propósito: *L'Idée d'une histoire universelle d'un point de vue cosmopolitique*. Un corto ensayo decisivo que también oscila entre dos tesis o entre dos "filosofías de la historia", expresión que viene después de Hegel.

En ese texto extraordinario, el objetivo de Kant es simple. Consiste en mostrar que la historia de la humanidad se explica por el conflicto en ella de dos tendencias fuertes y opuestas, pero en el fondo originadas una y otra de la misma matriz o de la misma fuente: la libertad.

¿Cuáles son esas dos tendencias? Él las llama sociabilidad e insociabilidad. Por un lado, la libertad humana tiene necesidad de la sociedad humana, para desarrollarse plenamente y darse en toda su dimensión, para conducir al hombre al bienestar en todas sus formas y a la cultura. Pero por otro lado, la libertad humana conduce a oponerse a los otros hombres, ella conduce al egoísmo a la guerra. De ese modo, hay una contradicción interna en la humanidad que explica el costado sinuoso, caótico e incluso desesperante de su historia, sobre un cuadro admirable en el cual se abre este texto.

Pero el asunto que nos interesa no es el punto central en el que nos queremos detener que venimos de resumir.

En realidad Kant hace una elección en este texto entre dos maneras de conocer la historia, que resulta del mismo modo del conflicto entre esas dos tendencias.

Podría haber, sobre el fondo de una "insociable sociabilidad" de los hombres, una lucha interior y constante. Una lucha entre esas dos tendencias, orientada por un peligro constante de la dominación y de la guerra, y una urgencia constante de la sociabilidad y de la paz. Esto es lo que sostenemos por nuestra parte.

O también podemos tener la "idea" de la *superación* de la contradicción y de una orientación definitiva hacia la paz y la cultura, no más en oposición a lo contrario, sino usando en *beneficio propio* a ese contrario, convertido de esa manera en un medio inconsciente de alcanzar este fin supremo. Entonces la insociabilidad será, por eso que Hegel llamará más tarde una "artimaña de la razón, y contribuyendo por el "trabajo de lo negativo" al desarrollo de las facultades humanas, un medio imprevisto de alcanzar al objetivo último de la historia.

Grandeza de esta "filosofía de la historia", que sistematizará después Hegel y que ha sido (con la recuperación que hará después Marx a su turno) la brújula del siglo XIX y del siglo XX.

Pero también riesgo y tal vez error de esta filosofía de la historia.

Porque ella vuelve a hacer de la polaridad irreductible entre estas dos facetas de la libertad humana, una suerte de alternancia o finalmente de contradicción armoniosa, superada o dirigida hacia una síntesis racional y feliz.

¿Y si esta fuera la primera concepción de la historia (sin «filosofía» de la historia, es decir sin síntesis última para la cual cada etapa solo sería un «momento» en el sentido de una etapa, precisamente) sería la buena?¿Y si salimos de la alternativa entre el caos y el sistema, entre nada y todo? ¿Y si la libertad no fuera más que un último horizonte frente a las regresiones superadas, sino a una *lucha constante* frente a un adversario *interno* siempre presente?

Hay un suceso sin embargo que deberíamos comprender, de una manera diferente a la de Kant, pero inspirándonos en él. Y ese es sin dudas la Revolución Francesa. 1789.

Kant vive la prueba de que la historia podía orientarse hacia las Luces y la libertad. Y sabemos que él renuncia a ese paseo.

¡El error seguramente no está aquí!

El error no fue creer que el suceso fue absoluto, sino que estaba "acabado", que después de él no había que ir más allá, o incluso más absoluto, quien sabe.

Mientras que en "1789" nada *está terminado,* el interior se *divide,* y entonces también trabajamos *por esas mismas divisiones.*

Si, nosotros ahora vivimos, y siempre, no en el horizonte o la perspectiva, sino en las rupturas e incluso en los desgarros de la libertad.

El advenimiento de la igualdad

> *Las naciones de nuestros días no sabrían como hacer que las condiciones en su seno no sean iguales; pero depende de ellas que la igualdad las conduzca a la servidumbre o a la libertad, a las luces o a la barbarie, a la prosperidad o a las miserias.*
>
> Alexis de Tocqueville
> *De la Démocratie en Amérique,* t. II,
> Gallimard, p. 339.

¿No sucederá lo mismo con la "igualdad"?

Tomamos como reparo en esta oportunidad un tercero y último libro, en este rápido recorrido, el de Tocqueville: *De la Démocratie en Amérique.*

¿Cuál es la hipótesis de ese libro, que se continúa en otro con un título no menos revelador: *L'Ancien régime et la Révolution*?

Esta tesis es simple y fuerte, y parece en principio ir en el sentido que tratamos de defender aquí.

En efecto, Tocqueville defiende esencialmente tres puntos: la "igualdad" y con ella la democracia, es una tendencia histórica y política invencible en construcción en la modernidad, cuya fuerza debe ser comparada con aquella de la "Providencia"; ella fue instituida de manera definitiva en algunos países, en Francia con la Revolución, en los Estados Unidos con la Independencia, donde podemos y debemos ir a estudiarla, con una mirada comparativa; no incluyendo finalmente la alternativa exterior, sino de manera residual y negociable, pero trayendo consigo un riesgo interior, que Tocqueville llama de manera original y definitiva como "la tiranía de la mayoría". ¿De qué se trata esta "tiranía"? Ella no es la dominación abusiva de algunos pocos sobre muchos, sino la de un gran número, en nombre de la igualdad, y a través de la "opinión", sobre el pensamiento de algunos que podrían oponerse. De esa forma, a la desigualdad de las condiciones, que justificaría el despotismo que fue ilustrado, se suma el peligro de que no ocurra el enfrentamiento libre e igualitario de las opiniones, sino la dominación de la "opinión", en singular (devenida tiránica), siendo "bondadoso", que amenaza las democracias modernas.

Con la "tiranía de la mayoría", observada en la democracia de los Estados Unidos, Tocqueville detectó, definió y denunció un riesgo interior mayor, un mal "crónico" íntimo de las democracias. Él no podía vislumbrar la forma que aquella tomaría a lo largo del siglo XX, transformada también hoy por la fuerza de los estudios de televisión y de las redes numéricas, sobre lo cual volveremos.

Pero podemos preguntarnos si estas tesis, por más fuertes que parezcan, no ocultan también otros riesgos, y más numerosos de lo que creemos.

La objeción ya tradicional, dirigida a Tocqueville, consiste en sostener que, si bien la igualdad es el horizonte de la historia, ella está muy lejos de ser alcanzada *ya*, ante todo porque la igualdad "de condiciones", tan cara a Tocqueville, no sería suficiente. Agregamos, para completarla o incluso para remplazarla, una igualdad llamada "real", que es la igualdad social y económica. No ponemos en discusión, haciendo esto, que la aspiración a una igualdad social y económica entre los hombres define un horizonte histórico. Pero rechazamos que solo se trate de igualdad *ante la ley* y sumamos a esta igualdad algo más elevado, que estaría en el centro de las aspiraciones democráticas y que es la igualdad *económica y social*, material y vital, de los hombres frente a la vida (y la muerte).

Pero en realidad deberíamos ir más lejos aún, siendo sin dudas uno de las cuestiones vitales del debate democrático.

Hacemos como si, siendo alcanzada la igualdad de condiciones, deberíamos luchar por la igualdad real, y como si una generación de *derechos* debiera suceder a otra. Pero ¿esto no nos prueba que la primera generación de igualdad en *como tal* fue alcanzada, y que ella debe ser incluso conquistada o reconquistada, o que ambos combates son solo uno, no *pudiendo darse uno sin el otro*?

¿Es seguro que podemos pensar los progresos concretos contra las desigualdades sociales y económicas, sin dejar de pensar en las luchas y los progresos concretos dados del lado de la igualdad de derechos y de condiciones, en principio, ante todo? ¿Y es seguro que el combate por los derechos *está terminado*? ¿Y que no encontramos también aquí un adversario más íntimo de lo que hemos podido creer? No es por nada que la democracia, e incluso la Revolución no son pensadas como incompatibles con la esclavitud, y que incluso Tocqueville, en *De la démocratie en Ámerique*, considera la *abolición* de esta última no como un problema de justicia, tampoco como inscripta en la lógica de la democracia, sino como un riesgo para los Estados Unidos, en la medida en que la desigualdad es tan grande que abolirla sería declarar una suerte de guerra civil. Del mismo modo el feminismo insiste sobre las injusticias sociales y económicas para mostrar en realidad que la igualdad entre los "sexos", o las cuestiones de "género" ponen en evidencia también igualdad de condiciones en el corazón de nuestras democracias. En realidad, podemos proponernos sin dudas como axioma: *toda desigualdad material colectiva se basa en una desigualdad de derecho o de condición y busca una regla de justicia y un progreso jurídico para ser combatida y superada*. Si constatamos una desigualdad masiva entre los hombres y las mujeres, o una discriminación masiva que golpea a una comunidad, en el mismo momento caracterizado y aislado como tal, en ese caso es necesario pasar por el derecho para remediarlo.

El combate por los "derechos" también está lejos de estar "terminado", y es eso lo que debe terminar, es con la oposición de la democracia abstracta y de la democracia concreta, porque ellas van siempre a la par, de manera que si la desigualdad colectiva debe necesariamente desembocar en un reconocimiento jurídico, inversamente la lucha contra la discriminación jurídica hará progresar *concretamente* a aquella que se opone a las desigualdades. En realidad, todo sucede como si el progreso de la igualdad, de quien Tocqueville hizo con razón una orientación histórica que él compara incluso con el trabajo de la "Providencia", debe descubrir siempre nuevas desigualdades de "condición". Como si siempre hubiera alguna que *resiste*, induciendo nuevas discriminaciones.

Parece por lo tanto que estamos en una rueca. Todos los pensamientos definen un horizonte irresistible de la democracia en el futuro y en la historia descubrieron obstáculos interiores y resistencias irreductibles. Ellas tropiezan todas sobre obstáculos más profundos de lo que uno cree. Pero entonces la cuestión vuelve. ¿Esto nos debe hacer renunciar a la idea de democracia, de progreso (y de regresión de la historia? ¿O esto no debe conducirnos a otra idea de la historia, que podemos, que debemos ahora precisar, definir, con lo que eso significa de vital, concebido esta vez de otra manera que como un horizonte?

Otra historia

Tenemos una impotencia de probar, infranqueable a todo el dogmatismo, tenemos una idea de la verdad, irresistible a todo pirronismo.
Blaise PASCAL
Pensées, 395.

Ciertamente habría una manera, crucial como es, que animó a todo el siglo XX, e incluso más allá para preservar la idea de historia que estamos bosquejando. Es necesario preservarla como "idea", como pura "aspiración", renunciando explícitamente a realizarla, pero orientando también la historia, en el corazón de los hombres si queremos, y como "espera", que hace posible el porvenir al menos, justamente como horizonte. Encontraríamos esta "idea" en toda su nobleza, no solo en Kant, seguramente, pero por ejemplo también, y para citar ejemplos bien diferenciados, en Jaurés (con su "idea de justicia" que orienta la dialéctica de la historia), en Sartre (con la "libertad" que define la revolución) o incluso también en Derrida (con la idea de una democracia que es siempre, y por definición "por venir"). Ese mantenimiento de una "idea" tiene algo de vital y no se trata aquí de renunciar.

Pero no debemos conformarnos. Frente a los fracasos de su realización, e incluso a los peligros de esta ilusión, esta idea está hoy más que nunca amenazada de desaparición.

Por lo tanto es necesario ir más lejos.

¿Hacia dónde?

Mala pregunta, porque es la "promesa" misma de un "futuro", el horizonte mismo como idea, lo que es necesario discutir. No prometamos más. ¿Podemos tener una historia que no se reduzca a una promesa?

Sí.

¿Cuál?

Los análisis precedentes nos lo dicen, de manera implícita, pero también nos dan en recompensa eso que podríamos llamar las aplicaciones concretas de la idea democrática. Podemos ahora despejar esa promesa, hacer aparecer en la misma hoja de la filosofía de la historia, el texto oculto que está escrito.

Si hay una historia, es porque hay una aspiración, contra esos obstáculos, y por lo tanto también progresos concretos, contra los adversarios que hacen avanzar la primera contra los segundos.

¿Entonces, qué es un progreso (nosotros no decimos "el" progreso)?

Un progreso, como lo indica la etimología, es un paso. Un acto. Un acto que nos libera de una injusticia y que en realidad la hace aparecer como tal, entregándonosla.

¿Si no hubiera opositores, o resistentes, la injusticia o la tiranía, e incluso en el caso del racismo y la esclavitud, aún así aparecería? Entendemos porque las tiranías no toleran la oposición: es que la oposición es en sí misma no solo una denuncia, sino un progreso, o aún más, debemos decirlo claramente: *todo progreso concreto* es, en *principio*, una denuncia.

Tenemos aquí necesidad de progresar de manera lógica y de decir: en historia, se necesita en principio una crítica, o un rechazo, luego un acto de resistencia o de emancipación; ese será el *progreso*.

Pero en realidad, lo que sucede es la inversa y la crítica es una condición del progreso.

Por otra parte, un progreso puede convertirse en una regresión, tanto como una Revolución puede mutar en Terror. Es por eso que se necesitan el análisis y la crítica, internas al progreso, porque él siempre debe luchar sobre dos frentes, y que la lucha es siempre interior e incluso íntima. Será como en la extraordinaria novela de Kleist: *Michael Kolhaas*. Este es representado generalmente como un hombre que se erige contra la injusticia que se le comete. Pero la defensa contra esa injusticia, por mas legítima que ella sea, lo lleva en su momento a volverse injusto, un bandolero de gran trayectoria dispuesto a todas las masacres. Hay sin duda una parte de progreso en el fondo de un acto de rebelión; y una parte de crítica, que no solo debe llevar sobre las violencias de los otros sino sobre la violencia interior y el progreso mismo, especialmente si ella quiere ser democrática. Este análisis y esta crítica no ocurren "antes" de los actos, para anunciarlos o para prometerlos, ellas no solo van a ocurrir como resultado, como derivando de ellos, después del golpe, aún si es necesario: ellas están en realidad presentes *en* los actos o en las palabras que en un arrebato, nos liberan y nos dan el sentimiento de la historia, para *la efectividad de un progreso*.

¿Por qué la historia se fija además en actos individuales de resistencia, de intelectuales comprometidos no solo en general, sino en causas precisas, Calas, Dreyfus o Sakharov? ¿Por qué esta importancia de los actos individuales, de una persona defendiendo a otras, a riesgo a veces de su propia vida, ese sacrificio simple e interhumano? ¿Por qué vienen incluso antes de la defensa teórica de los principios, y los discursos críticos que son sin embargo indispensables y que también animan la historia? La respuesta es clara y se impone en este momento.

En realidad, es en un solo y mismo acto, es en el instante no de un suceso, sino de un acto humano que se da la diferencia donde se desliza, como una bocanada de aire, la orientación histórica de la humanidad; entre crítica y progreso implícitos.

Cuando una injusticia es denunciada y un muro cae, en ese instante se abre una temporalidad.

El error sería creer que "nada" ha pasado, o que "todo" está salvado. Ese no es el caso. Ocurrió algo, lo que no es nada, pero es algo que no cambia todo, aún cuando induce la idea del nunca más y la del para siempre, ambas son ilusorias si uno las recorta de su origen real.

Insistimos nuevamente.

¿Por qué tenemos nosotros una idea de la justicia, y especialmente de su realización en la historia? Que nosotros tengamos una idea de la libertad y de la igualdad, así como de la fraternidad, esto podría resultar, como lo hemos visto antes, en violencias muy precisas que dañan las relaciones interiores entre los hombres, y el interior de esas mismas relaciones (eso que nosotros llamamos violación). En fin, de lo negativo.

¿Pero qué nos hace "creer" que esos principios de los que nosotros experimentamos la exigencia, pueden encontrar una realización histórica, en fin, que ellos no son solo ideas, sino motores de la historia?

Una sola respuesta es posible: los actos precisos que testimonian su puesta en acción, aquí y ahora, en un momento dado, sin "prometer" la realización absoluta, pero haciendo surgir sin embargo la idea absoluta en los espectadores.

Tal es en el fondo el sentido de la Revolución francesa, al menos en Kant en un primer momento, al menos en su acto de destitución de la tiranía. La idea de la historia no precede a los actos que derogan tal o cual injusticia, para situarlos en un horizonte global que podría ser definido como una promesa. Es exactamente lo contrario. Son esos actos los que hacen surgir la idea de su generalización, con su riesgo de ilusión, pero también con su origen y su realización reales y concretos, y que no tiene riesgo inmediato de desaparecer de la historia humana.

Ustedes los encontrarán siempre en vuestro camino, los actos de aquellas y aquellos que Bergson llamaba "los grandes hombres de bien".

Aquellos y aquellas que son puestos a través, y que no solo hacen aparecer lo negativo sino que a veces, incluso con el precio de su propia vida, hacen aparecer a la justicia.

El punto esencial en todo caso es evitar dos errores: ahogar esos actos en la "historia" en general; pero también secuestrarle a esos actos, toda significación "histórica".

De ese modo, nuestro sentimiento de la historia no viene solo de ese progreso, porque ellos llevan en sí un análisis y una crítica. Él viene también de las regresiones, que la confirman tal vez aún más, y que lejos de conducir al caos o a la desorientación deberían confirmarnos en eso que François Hartog llama nuestra "creencia" en la historia.

Prueba por la regresión

Tomemos de inmediato un ejemplo que explicará mejor tal vez, que cualquier otro sentimiento de la historia, que nos parece de manera inflexible poder orientarnos, hoy más que nunca.

Imaginemos un país democrático que procede, después de haber abolido, a tomar una medida que podría parecer como una simple inversión, anodina y simétrica: el restablecimiento de la pena de muerte (nosotros no decimos lo mismo: la esclavitud, a pesar de que eso no sea más que un mal ejemplo, evidentemente).

Dos puntos son aquí indispensables: el contenido de la medida seguramente; pero también su sentido histórico. Podríamos creer que todo vale: abolir, restablecer. ¿Por qué no obstante nuestro sentimiento es totalmente otro? ¿Por qué tenemos ese sentimiento que se juega aquí algo así como una regresión? ¿Por qué ese sentimiento de regresión es fundamental y por qué finalmente la idea o aún más el hecho de la regresión, es no solo el reparo central de nuestro presente, sino aquel que sitúa ese presente en la historia, que mantiene la idea de la historia o aún más su realidad, y de ese modo se convierte en nuestra última referencia?

Imaginemos que un crimen atroz o un terrible atentado tiene lugar y que un jefe de Estado democrático electo propone, en un país donde estuviera abolida, el restablecimiento de la pena de muerte para castigar a aquellos que cometieron tales actos.

Ciertamente no se trata, como lo propondrán sin dudas los defensores de tal medida, de pasar de una ausencia de castigo a un castigo proporcionado, de revertir la impunidad de la justicia.

En realidad se trata de abandonar un castigo que admite la división interna de un "pueblo" y del hombre en general, que admite también luchar contra el crimen, pero sin pretender falsamente reconstituir una totalidad herida (la "sociedad" o el "pueblo"), expulsando ilusoriamente la negatividad o la violencia, y sin embargo agravándola. La abolición de la pena de muerte, es uno de los comienzos de la vida humana, no solo porque ella nos arranca a las pulsiones de la "bestia" y nos invita a no considerarnos como "dioses", pero también y sobre todo porque ella nos obliga, aún luchando contra ella, a admitir nuestra propia ambivalencia, y esta parte de violencia, contra la cual no se puede luchar, justamente, más que solo admitiéndola (continuando siempre en rechazarla), y no teniendo apariencia de expulsarla, como si del otro lado hubiera algo, una identidad o algo íntegro y puro, que no sea susceptible a su turno del interior. Rechazar, es combatir, no expulsar. Al contrario, expulsar es una huida y un desafío: la violencia está afuera, vean, yo la ejerzo absolutamente para probárselos.

Pero, dirán ustedes, mientras tanto es una medida democrática, si ella ha sido votada democráticamente, ya sea directamente (por referéndum por ejemplo), sea a través de un representante electo quien lo hubiera hecho, por ejemplo, como un elemento de su programa.

De hecho, eso no es enteramente contradictorio, y esto por una razón simple y fundamental que nosotros hemos sostenido ya en lo que precede en este texto: ninguna democracia es perfecta, o perfectamente realizada, y que el progreso se hace en los actos y no por la simple y mágica aspiración de un ideal que sería transformada, (de un solo golpe), en hechos. Son por el contrario, en cada momento y siempre, las peores regresiones democráticas, o más aún antidemocráticas, que se producen en nombre de la realización absoluta de la democracia. (Y generalmente por numerosas penas de muerte).

Todas las regresiones totales se producen en nombre de una democracia total. Y sin embargo es absolutamente posible, y de hecho es generalmente el caso real, de imaginar una democracia que no fuera abolida la pena de muerte, no es impensable imaginar una "democracia" que la restablezca.

Y resta mencionar que ese último caso sería en sentido estricto y fundamental de ese término (en principio temporalmente o espacialmente, (en el sentido de "un paso atrás"), una regresión.

Podríamos y deberíamos decir sin dudar una regresión *metafísica*, o más modestamente *antropológica*, es decir, *humana*. Si hay una medida, en efecto, que concierne a vida (y a la muerte) humana, ¿no es en efecto la abolición, entre los hombres, de la pena de muerte? ¿No es mucho decir? En realidad, podríamos sostener: todas las grandes medidas democráticas tienen un alcance metafísico, humano, o incluso podríamos decir simplemente vital. La abolición de la esclavitud sería otra prueba.

Pero esto no es lo esencial de nuestro propósito, ni el punto preciso para demostrar bien aquí.

Lo que nos importa, no es el contenido mismo de "la pena de muerte" tomado aquí a modo de ejemplo.

Lo que aquí nos importa (y si queremos, tomemos la esclavitud), es poder hablar, con criterios políticos e históricos bien precisos de algo así como una *regresión*, último criterio de la historia para nuestro tiempo.

Por lo tanto lo que importa aquí es definir ese término.

¿Qué es una regresión? Podríamos hablar simplemente de recaída. Hablamos efectivamente de regresión, no solo cuando retrocedemos en un movimiento orientado hacia un objetivo preciso, del que nos alejamos entonces (como en el juego de la oca), pero también y especialmente cuando descendemos por debajo de un cierto *nivel*, o de un cierto *escalón*. Esta experiencia de haber alcanzado un nivel o un escalón, es lo que nos da el sentimiento de la historia. Y esto, es más que una experiencia o mucho más la ilusión de alcanzar un objetivo ideal. De esa manera, el montañés que no se lanza forzosamente a la conquista de las cumbres que pueden revelarse como mortales, y devastadores, de espejismos, sino que toma partido por el arduo franqueo de las colinas que pueden relacionar los valles y las personas. Pero poco importa la imagen. Lo que importa, es la definición de la regresión, en contraste no solo con el progreso sino con esos *niveles* en el progreso, y que se define tanto por el hecho (o el riesgo) de caer más acá de esos niveles, es decir de esos avances precisos e insoslayables.

Nos parece bien claro y neto que el concepto de regresión es ese que, *más aún incluso que el de progreso*, sostiene el sentimiento de la historia, y lo sostiene como algo irreductible.

Si hay alguna objeción que pueda tener esta tesis, tal vez no sea la nosotros creemos.

Es fácil responder a aquellos que nos dicen que hablar de regresión es *demasiado decir*. ¡Qué! ¿Ustedes osan hablar de regresión, pero con qué derecho?¿Ustedes serían por lo tanto "progresistas"? Sí, seguramente, nosotros hablamos de regresiones, lo que nos hace abstractamente progresistas, porque no tenemos una idea abstracta del progreso total, porque no negociamos las palabras. Una vez más, todas las regresiones totales son hechas en nombre de un progreso total. Ya sea que se trate de democracias "populares" o de "fascismos", ellas nos hacen alcanzar las peores degradaciones de las patologías democráticas, precisamente porque ellas pretenderían haber realizado íntegramente a la democracia.

Pero justamente, tales ejemplos muestran bien a qué objeción real nos exponemos aquí. No es a la objeción de decir mucho, sino que por el contrario a aquella de no decir *suficiente*. Cuando vemos las tempestades que entraña no solo retroceder hacia atrás, sino hacia abajo o hacia el fondo con todas las aspiraciones democráticas, y esto desde el interior mismo de la democracia; cuando vemos en el pasado, pero también en el presente, que la prueba de la historia tiene el riesgo de hacerse por la "catástrofe", es decir por la completa destrucción de una realidad existente, mucho más que por simples *regresiones*, lo que estamos en derecho de preguntaros es si la noción de regresión es suficiente, *si está a la altura*. ¿El "mal" no es mucho más profundo?

Eso es lo que es necesario preguntarse para concluir esta primera etapa de nuestro recorrido.

Sin embargo, no nos dejaremos desviar del resultado importante que apareció en el curso de los análisis precedentes. Porque incluso antes mismo de profundizar el "mal" que amenaza a la "democracia" desde el interior, es vital haber escapado de aquel que la amenaza en uno de sus aspectos más esenciales: la orientación histórica de los seres humanos. Nosotros no estamos perdidos en la historia, ya sea ella un caos, sea que ella nos guíe hacia fines absolutos, que nadie vivirá nunca. Nosotros sabemos qué avances y qué regresiones definen y amenazan el presente, que nos impone repensar el pasado y actuar desde ahora por el porvenir

3

Un mal humano

Todo lo que precede nos invita o nos obliga a ir más lejos, como si la cuestión de la democracia nos condujera a una cuestión moral extrema, nada menos que aquella del "mal", pero como si ella también nos permitiera responder, esto para tratar los males bien concretos de la política, y finalmente de las instituciones democráticas o de la democracia como institución.

¿Pero por qué nos haríamos en principio esta pregunta? ¿Por qué es necesario ir hasta aquí?¿Y cuáles indicaciones tenemos nosotros para apoyarnos y para responder?

Eso que nos obliga son las graves y profundas regresiones democráticas, no solo posibles, sino también reales, y no solo pasadas (pensemos en el terror o el fascismo), sino bien presentes, y no solo externas a la democracia, sino surgidas en el interior (y a veces de las elecciones y de las constituciones por más libres y sabias que puedan parecer). Si bien la tiranía no es otra cosa que el enemigo exterior de la democracia, ella también está instalada en ella, y la acompaña como una sombra o un fantasma que, como en la literatura fantástica, amenaza con atravesar el cuerpo buscando sustituirla. Son esas regresiones *extremas* las que nos obligan a hacernos una pregunta o más aún, a superar un obstáculo o una objeción de orden propiamente *moral*. Y que, de hecho, obligaron a los más grandes pensadores de la democracia, desde la Antigüedad, pero más aún a los pensadores de las democracias modernas a plantear esa cuestión de la moral, si preferimos, antropológica, que tendría algo así como la naturaleza "humana".

¿Los seres humanos, están capacitados en el fondo para la democracia a la que ellos aspiran?

Tal es la pregunta que parece casi imposible de evitar, y que atraviesa al extremo el obstáculo con el cual tropieza la aspiración democrática. Esta pregunta atravesó la historia filosófica y política de la humanidad. Ella parece poder pasar a un segundo plano, porque la democracia aparenta, si bien no estar "realizada", al menos haber pasado irreversiblemente más allá de algunos niveles o de algunas etapas. Ahora bien, no solo esta cuestión de nuestra aptitud para la democracia vuelve hoy en día, sino que regresa junto con otras como la tela de fondo de nuestro presente, una cuestión que suscita también el regreso de cuestiones metafísicas y religiosas, como todo cuestionamiento de los límites del hombre parece suscitarlas. Por lo tanto no podemos evitarla.

Pero es nuestro deber confrontarla, tenemos también indicios para la cambiarla, y por este medio, para responder. Digamos entonces rápidamente a qué tesis nos conduce hasta aquí y cuáles son sus consecuencias.

El mal crónico de la democracia, o si queremos la raíz moral de todos los males crónicos de la democracia no es tal vez aquella que nosotros creemos.

No es una falla de la naturaleza humana que exigiría su superación.

Pero es la ambivalencia interior de la naturaleza humana o de las relaciones entre los seres humanos, que plantea la cuestión de la *capacidad,* -o de la incapacidad- de los seres humanos no solo para superarla, sino para *aceptarla y enfrentarla*, en aceptar la existencia y, al mismo tiempo, rechazar las consecuencias, o contener sus efectos.

Tal es la tesis que resulta de todo lo precedente.

Tal es –podríamos decirlo con grandilocuencia– la madre de todas las batallas, indisociablemente morales y políticas– o, si queremos, la madre moral y vital de todas las batallas políticas.

Pero ¿no es esto ínfimo en relación a la profundidad y la gravedad de todas las regresiones democráticas que evocamos más arriba? ¿Es suficiente para explicar las más graves patologías políticas de la democracia: el racismo, la demagogia y la violencia económica?

Por el contrario, según nosotros, es esta ambivalencia de las relaciones humanas, de las relaciones concretas, morales y vitales, con sus propias patologías lo que se encuentra en la raíz de esas regresiones a las cuales podemos volver luego: *el racismo, el cinismo* y el *ultra liberalismo*.

Por lo tanto, debemos en primer lugar comprender cómo podemos responder, en un plano vital y moral más amplio. Es desembocar en un problema muy antiguo: ¿cómo responder por las instituciones a las regresiones políticas de la democracia, si no hay respuesta en principio en el corazón de los seres humanos, suponiendo que esto fuera posible?

"Cualquiera puede tratar separadamente sobre la moral y la política sin comprender jamás nunca a ninguna de las dos".

Esta sentencia de Jean-Jacques Rousseau no ha perdido nada de su verdad.

También debemos no engañarnos.

Los pensadores que, como el mismo Rousseau, estudiaron este problema hasta su raíz, estuvieron tentados de pasar de la tesis de una enfermedad o de una patología de las relaciones humanas, que podemos tratar de enfrentar, a un mal "inherente" a la humanidad, resoluble por ella y que implica su superación. Tan profundo parece el mal. ¿Cómo podría ser nada más que una "enfermedad crónica", ciertamente permanente, pero que podría ser combatida y contenida, del interior y solo con los recursos de la vida humana?

¿"Mal o enfermedad"?

Tal es el desafío que nos espera.

Para confrontarlo, procederemos como en el capítulo precedente.

Examinaremos algunas de las doctrinas más profundas del "mal" que exigirían ser superadas para alcanzar la democracia. Esas doctrinas nos enseñan el pasaje a la naturaleza más profunda de los obstáculos que es necesario afrontar y nos evitarán minimizarlo. No es cuestión de olvidar hasta donde esos males pueden conducir a la humanidad. Pero nosotros además examinaremos luego si, por más graves que ellos sean, ellos muestra también esta ambivalencia interna las relaciones vitales y morales entre los seres humanos. Veremos por lo tanto, qué tipo de remedios requieren, que nos sean posibles y accesibles.

Porque la respuesta al problema, por más profundo y grave que sea, está aquí, bajo nuestros ojos, en nuestras vidas.

Reformar la naturaleza humana

Si hubiera un gobierno de dioses, él se gobernaría democráticamente.
Jean-Jacques Rousseau
Du contrat social, III, 4.

En 1762, Jean-Jacques Rousseau publica dos libros simultáneamente pero de manera separada.

Du contrat social (o de las instituciones políticas); pero también Émile (o de la educación).

Ahora bien, la misma dualidad de esos dos libros es el signo de una ruptura. Y la respuesta a esa ruptura no se encuentra en aquel de los dos libros que podríamos pensar.

Está en principio el giro inesperado que se arriesga en el corazón del *Contrat social*. Es más bien un tratado "de las instituciones políticas". Se trata, remontándose a la esencia de la libertad humana, de demostrar los principios del Estado justo. Ese es el objeto de las dos primeras partes del libro, con sus páginas brillantes, grabadas a cuchillo, que atravesaron siglos, sobre la voluntad general y la ley. Pero luego debemos pasar a la acción o a eso que Rousseau llama el problema del "gobierno". Son necesarios hombres reales para hacer funcionar el Estado, incluso el Estado ideal, incluso el Estado que responde profundamente a las aspiraciones y finalmente a la definición misma de hombre, definición que debe hacerse (solo entre todos los seres) para la libertad. Por lo tanto, no nos engañemos, ese no es un problema secundario o técnico, pero es a una contradicción fundamental a la que nos conduce Rousseau aquí. No se trata de saber si el Estado ideal podrá funcionar realmente o si hay una distancia entre teoría y práctica. Se trata de saber si no hay una contradicción en la misma naturaleza humana. ¿Son capaces los seres humanos de poner en práctica una constitución que esté fundada sobre aquellos principios que pueden devolverle justicia a la libertad, a la naturaleza y a la vida humana? "Los hombres nacen libres y por todos lados ellos están encadenados"; se trata de ponerle un fin a esta contradicción, y Rousseau muestra sin embargo a qué respondería un Estado fundado en el principio de la libertad. Esto pasa por la institución de la ley y de la voluntad general. Pero veamos ahora el problema de la puesta en acción. Y él tropieza con un problema mayor: ¿los hombres, y en particular los gobernantes, son ellos capaces de gobernar según el interés general, de respetar la libertad de todos y no dejar que algunos se la apropien?

Hay dos caricaturas de la filosofía de Rousseau que permitirían responder fácilmente a esta cuestión. Recordémoslas, con su profundo error para comprender mejor la gravedad del problema.

La primera caricatura se apoya en una de las tesis más profundas de la filosofía. El hombre no nace solamente "libre", él nace "bueno". Y si él es odioso, es debido a la sociedad y a la historia. Por lo tanto, nada de preocupación, abolimos la sociedad y la historia, volvamos al estado de naturaleza, y seremos a la vez hombres libres y buenos, un Estado justo y de hombres virtuosos. Desgraciadamente es imposible y absurdo. El hombre no es "bueno" más que en estado de naturaleza, es demasiado tarde y está definitivamente perdido, querer construir la condición política del Estado es, por lo tanto, contradictoria en sí misma. Ninguna salida por ese lado.

Pero entonces aparece la segunda caricatura, aparentemente muy opuesta a la primera: una transformación e incluso una "desnaturalización" radical del hombre para transformarlo en "ciudadano". Saquémoslo de los intereses privados que solo tienen la apariencia de lo natural y pongámoslo en el alma humana de los intereses más generales. Es lo que Platón había tratado en su *République,* al menos para los gobernantes. ¿Por qué el *Contrat social* no llega a eso? ¿Tenemos generalmente caricaturizado a Rousseau como precursor de todos los "terrores" que han querido producir un "hombre nuevo" por medio de la "reeducación" del hombre impuro en beneficio de un ciudadano puro?

Y bien, justamente, es aquí donde está el giro inesperado en este libro, que el libro siguiente tratará de reparar (sin lograrlo). Rousseau renuncia a la transformación completa de la humanidad. Incluso si son, según él, la sociedad y la historia (y no la naturaleza y el pecado original), las que hacen odioso al hombre, el remedio de una desnaturalización haría al remedio peor que el mal. Debemos renunciar. Pero entonces ¿la aplicación del régimen perfecto, aquel del *Contrat social,* es todavía realizable, es ella todavía posible? Para que un "gobierno" democrático perfecto sea posible, es necesario un "pueblo de dioses". E inversamente, "si hubiera un pueblo de dioses, ellos se gobernarían democráticamente". Pero en el caso de los seres humanos reales, nosotros estamos condenados.

¿Cuál es entonces la solución de Rousseau?

Por un lado, ella va en el sentido que nosotros discutimos aquí: ella consiste en pasar de la transformación radical de la naturaleza humana, a un trabajo *interior* de las relaciones humanas. Es eso que define el objeto de Émile: la educación.

Y es, en efecto, porque la educación está en el corazón de todo proyecto democrático y republicano.

Pero por un lado, aún cuando Rousseau renuncia a la transformación radical del hombre, su concepción de la educación, aún exponiendo el problema moral y vital de la democracia humana, tiende a evitarlo. Nosotros no haremos más que resumir ese punto, sin embargo capital.

Rousseau ve efectivamente con la misma fuerza un problema que sin embargo él tratará de soslayar: la ambivalencia inicial e irreductible de las relaciones humanas.

Desde la infancia, según Rousseau, el contacto entre los seres humanos es *doble*: está hecho de bondad y de maldad, y nos arriesgamos de dar al niño los gérmenes de la bondad y de la maldad, sino también, inmediatamente las ideas del bien y del mal.

El objetivo de la educación podría estar claro: luchar contra la maldad y sus efectos en el alma humana, y esto no solo condenándola, sino por medio del trabajo, por así decirlo, silencioso y luminoso de la bondad. Podríamos también *luchar* contra esta perversión del amor humano que produce, según Rousseau, el veneno del "amor propio", fuente de todos los odios, y tratar de extender el amor, o simplemente la bondad, de uno en uno a todo el género humano.

Tal sería, tal será y tal es también la función de la educación.

Pero no es a ella a quien Rousseau elige, incluso si nos la transmite como una herencia y como un deber.

La elección de Rousseau es diferente: se trata, al menos durante toda la infancia y la adolescencia de Emilio, el alumno imaginario que él da en su libro, no de una lucha entre uno de los términos de la ambivalencia humana contra el otro, sino mucho más de *preservar* a niño de la experiencia de la ambivalencia, por medio de una astucia educativa que consiste en retrasar lo más posible la experiencia dolorosa de la ambivalencia y de la maldad humana.

Ciertamente, no se trata de transformar la naturaleza humana, y Emilio terminará, a partir de la pubertad (que hace inevitables las relaciones morales, con la sexualidad) por educar a la moral y a la política. Pero mientras tanto, Rousseau considera nuevamente el obstáculo como muy profundo y elige aplazar o rechazar el momento de afrontar los males crónicos no solo de los individuos, sino de la sociedad y del Estado. Él los vio perfectamente y renuncia a divinizarnos o a estatizarnos, él muestra la tarea, subjetiva y educativa. Pero nos obliga, él también, a ir más lejos.

Estaríamos obligados de todas formas, en razón también de otro fenómeno que reenvía a una faceta más grave aún del mal democrático, más allá del amor propio y de su concurrencia moral y social, ética y económica.

Y nuevamente el obstáculo puede parecer, humanamente infranqueable.

Lo cerrado y lo abierto

Nosotros hemos querido demostrar simplemente en el estado de alma democrático un gran esfuerzo en sentido inverso al de la naturaleza.

Henry BERGSON,
Les Deux Sources de la morale et de la religion,
1932, PUF, "Quadrige", 2008, p. 302.

Se trata de un fenómeno del que hemos hablado muy poco también, solo como aquel fenómeno que puede ocultar, rechazar o incluso revertir la democracia. Porque es ese fenómeno el que ha jugado seguramente en el obstáculo o el adversario principal de ese régimen y de esta idea. Y es él también el que vuelve al primer plano hoy - o si preferimos como telón de fondo- al punto de despertar todas las fuerzas regresivas y de ponernos en riesgo empujarnos más allá de los umbrales que esperábamos haber superado definitivamente. Es también ese fenómeno, sin dudas más que ningún otro, el que despierta la idea de que los obstáculos encontrados por la democracia podrían tener una "naturaleza" humana, que sería necesario superar. Es ese fenómeno, por lo tanto, el que nos conduce al punto más avanzado de toda nuestra discusión.

Ese fenómeno es el de la guerra.

No solo la guerra en sí misma, sino todo su cortejo de destrucción y de masacres.

Pero la guerra en tanto ella parece suspender todos los "valores" morales y todos los principios políticos de la democracia, incluido el corazón humano.

¿No es la lección más grande del siglo XX, que debía haber sido un siglo de "progreso" en todos los sentidos?¿ No es la fuente legítima, inevitable, de la reiterada amargura de los más grandes pensadores, después de la primera guerra mundial, y más aún después de la segunda, e incluso hoy, en un siglo XXI que comenzó bajo los auspicios de un terrible atentado y que continúa bajo el signo continuo de la guerra? Paul Valery, después de la primera guerra mundial, descubría que las "civilizaciones" son mortales; Emmanuel Levinas se preguntaba, después de la segunda, si la guerra nos había vuelto "víctimas de la moral", y si nosotros hubiéramos podido creer, en 1989, que los muros iban a caer, y que ellos serían levantados hoy por todas partes, incluso allí donde nosotros los vimos desplomarse.

Sin embrago hay un fenómeno que debería darnos esperanza, porque nos pone frente a una ambivalencia y con un sentido.

Ese fenómeno es muy simple, y sin embargo capital.

Ese fenómeno es el *rechazo* moral de la guerra. Aunque solo fuera en los hechos quien está primero, ¿por qué es él el que hace aparecer al problema de la guerra como en primer lugar (de otro modo la guerra no nos plantearía el mismo problema), o al menos sería tan poderoso como la misma guerra?

Toda la cuestión será entre tanto concerniente a ese sentimiento de saber *de dónde viene él* en los seres humanos. ¿Es solo un sentimiento "humano", solo humano, o supone (la guerra definiría entonces a la naturaleza humana) algo que lo supera?

Nosotros encontramos esta cuestión decididamente inevitable. Y ella está en el corazón de un libro que, en el centro mismo del siglo XX y de sus tormentos, ha hecho de esos dos sentimientos "frente" a la guerra, el criterio absoluto de distinción entre "dos fuentes de la moral y la religión" y, agregamos, también de la política.

Hay en efecto, un giro decisivo que se juega en el primer capítulo de esas *Deux Sources de la morales et de la religión* que publica Henri Bergson, en 1932.

En las primeras páginas, a la velocidad de la luz, Bergson describe y deduce los principios de toda moral, porque él la define como "el todo de la obligación". Una sociedad, para sobrevivir, tiene necesidad de regular la libertad humana: de dónde viene "la moral", con sus imperativos.

Pero entonces sobreviene el cambio intempestivo de la guerra. Somos consientes de que ella suspende, e incluso invierte todos los principios de la moral. En la guerra, "el crimen, el fraude, devienen no solo lícitos, sino meritorios"(Ibíd., p. 26). Nos ordena matar en lugar de prohibírnoslo.

Ese giro decisivo conduce a Bergson al verdadero criterio de moral. Es como si esa inversión de los valores nos diera el verdadero criterio del valor. El verdadero criterio moral no reside en tal o cual orden (por ejemplo: no matar), sino en su *alcance*. Esto puede parecer simple, pero tal es el criterio *absoluto* de la moral: o bien *vale para todos,* pero con excepción de algunos, y realidad con excepción de los "otros", de los "extranjeros", de los "enemigos", o vale para todos, *sin excepción.* O está *cerrada,* o es *abierta.* Y debemos decir abierta, más que universal, porque no se trata aquí de lógica, sino de acción, y de luchar contra otra acción, fuerza contra fuerza: la apertura, contra el cierre.

Lo cerrado y lo abierto: he aquí el giro inesperado moral, y político y religioso. Él cruza como una espada en todas las morales, las religiones y las políticas.

Él define la moral abierta, la religión abierta y la democracia, y esto en todas las religiones, las morales y las sociedades políticas.

Tal es el giro y es fundamental.

Pero hay un segundo, y ese segundo golpe nos reenvía al problema que afrontamos aquí.

Es que, según Bergson, ese sentimiento que nos impacta frente a la guerra, esta apertura surgida de un rechazo, o ese rechazo que provoca una apertura, todo esto no le llega al hombre de manera "natural". Esto surge de la palabra o de la acción de algunos hombres excepcionales que se despegan de lo humano. Los héroes y los santos que lo son precisamente porque ellos hablan para todos, *sin excepción* (por lo tanto no solo por su sacrificio o su martirio, sino porque esto tiene razones "abiertas", universales). Pero son héroes y santos que, según Bergson, aún siendo humanos, muestran por esta amplitud de miras, que ellos *superaron* la naturaleza humana, que es necesario definir para la guerra.

De esa forma, constatamos una ambivalencia fundamental frente a la guerra, una parte casi total del hombre que elige lo cerrado y la guerra; otra que resiste y aspira a lo abierto.

Pero esta ambivalencia no vendría de la naturaleza humana; ella supone un *corte* metafísico. La paz está más allá de la humanidad. El amor la puede sostener, pero no desde el interior de las relaciones humanas. Es necesaria la "mística".

Nosotros sacamos de esta rápida travesía una lección y una pregunta.

He aquí en principio la pregunta: ¿Debemos *necesariamente superar la naturaleza humana* para acceder a la apertura que es también, Bergson lo dice con fuerza, el principio de la democracia, de la razón y de la sociedad abierta, contra la guerra y la tiranía?¿O bien encontraremos el principio en nuestra propia vida, en las relaciones vitales, morales, *entre los seres humanos*?

Pero veamos de todas maneras la lección: el obstáculo está aquí, por más profundo que sea. Una reserva amenazante de cierre y de guerra, entre nosotros y, tal vez, en cada uno de nosotros, en nombre de la vida, de la protección, de la seguridad vital.

Todo esto nos convoca hoy. ¿Cómo podríamos, cómo podremos oponernos?

Las rivalidades inexpiables

> *La violencia ha producido el derecho, que es siempre, como el sacrificio, una violencia menor. Que es tal vez la única cosa de la que la sociedad humana es capaz. Hasta el día en que este baluarte ceda su lugar.*
>
> René GIRARD,
> *Achever Clausewitz, ch. IV*,
> Flammarion, "Champs", p. 196.

Digámoslo de inmediato: nosotros pretendemos que no es necesario renunciar a encontrar *en las relaciones humanas*, vitales en el sentido estricto del término, es decir entre los humanos vivos, ciertamente los riesgos más graves, pero también eso que permite resistir, incluso vencer, a la democracia, aún con sus amenazas o los males que vuelven a fragilizarla. En la naturaleza *humana*, entonces, esta dualidad o esta ambivalencia, y sin que sea necesario un salto para salir.

Pretendemos que esta solución se constate y *esté aquí*, en algún sentido, bajo nuestros ojos, donde es suficiente verla y una vez vista, defenderla y preservarla, porque ella está amenazada por eso que se le opone y que ciertamente tiene su propia fuerza contra ella.

Sin embargo no se trata de minimizar la violencia en las relaciones humanas. Al contrario, nos parece, más que cualquier otra cosa, la ubicamos en el centro de las relaciones humanas, porque nosotros la vemos aún en las relaciones más íntimas, bajo el nombre de violación, porque definimos la democracia no de manera vaga contra la violencia en general, sino de manera precisa como el único régimen que lucha *a la vez* contra la violencia exterior y contra las violencias interiores, entre los seres humanos. Pero se trata de comprender que "en" las relaciones humanas hay también a qué oponerse o resistir. ¿Cómo no sería este el caso, porque no solo la especie, sino nosotros mismos y tantos otros sobrevivieron, porque tantos hombres se opusieron a la destrucción y a la violación, y vivieron felices y creativos?

La cuestión se estrecha, pero es necesario afrontar una última etapa crítica, antes de ir más lejos.

Va de suyo: hay violencia en las relaciones humanas, pero además:¿hay *algo más* que violencia en las relaciones humanas, y esto quiere decir también: de tal manera que podamos salir de la violencia *sin salir de la humanidad*?

Es este punto el que hace tan fuerte el pensamiento de René Girard, desde su descubrimiento de la raíz "mimética" de la violencia, hasta sus consecuencias en la historia pasada, desde *Mensonge romantique et verité romanesque*, hasta *Achever Clausewitz*, ese libro capital, y más allá. Una vez más, después de la disputa social de Rousseau y la clausura guerrera, xenófoba en general, descripta por Bergson, encontramos la profundidad del obstáculo y del adversario a afrontar. Pero es también a la vez el remedio a la necesidad de salir de las relaciones humanas, para superar la violencia que las atraviesa, que tenemos que resistir.

Para decirlo en una palabra, la tesis de Girard consiste en demostrar que las relaciones humanas no se reducen nunca solo a un cara a cara bondadoso, sino que incluyen *siempre* la presencia de un tercero que introduce la violencia. Así, la envidia no se suma al amor, pero lo condiciona. Desde ese momento comienza la rivalidad inexpiable entre los seres humanos. Para salir de eso, según él hay dos soluciones, relativa o radical: el sacrificio del tercero, o bien, como "chivo emisario" permitiéndoles salir de la rivalidad asesina, o bien porque ese tercero, como Cristo que devela, según él, el juego de la violencia, permitirle salir radicalmente, al costo de su propia vida. Solo el tercero nos salvará de la violencia que otro tercero ha introducido, porque "tercero" hay siempre (contrariamente a la "mentira romántica") en las relaciones humanas. El círculo es tan profundo, tan infernal por decirlo de alguna manera, que el Tercero que puede hacernos salir no puede, aquí también, encontrarse más allá de lo humano: él implica, a su turno, lo religioso, otra forma de amor que el amor propiamente dicho (o profano), la caridad. Toda otra solución, sacrificial o jurídica, antropológica o política, solo será provisoria y no hará más que agravar el mal (o posponer la catástrofe).

Pero podemos preguntar si la respuesta no va demasiado lejos porque la posición del problema no ha llegado también bastante lejos.

¿Hay realmente un *"amor"* romántico, o una amistad pura, solo incomodada por la intervención (ciertamente ineluctable) de un Tercero?

Por el contrario, nos parece que la violencia surge desde *el interior* de las relaciones humanas, de *todas* las relaciones humanas (incluso en el cara a cara) y que es también aquí donde encontramos nuestra *salida*.

Es necesario intensificar el diagnóstico de René Girard. No hay amor romántico, pero no es a causa de los celos o del tercero, es a causa de la ambivalencia y del odio, *entre los humanos que se aman* e incluso, en *cada humano a la vista de sí mismo*, ambivalencia que se debe constatar y rechazar a la vez, contra la que se puede luchar, pero sin eliminarla (a imagen de los males crónicos de nuestra vida).

Es ciertamente un obstáculo temible. Pero si es temible es precisamente porque él se encuentra en el corazón de cada sujeto humano, tanto como se encuentra también sin que nosotros vayamos a inventarlo o a predicarlo, pero debiendo ciertamente reforzar y promover, todo eso que nos permite resistir y recrearnos los unos a los otros.

En el corazón del sujeto

> *Parece que ese término "democracia" tiene una significación latente importante, a saber: una sociedad democrática es una sociedad "madura"; ella posee una cualidad que se asemeja a la madurez individual de los miembros sanos de esa sociedad.*
>
> Donald WINNICOTT,
> "Quelques réflexions sur le sens du mot "démocratie", en
> *Conversations ordinaires*, tr. fr. Gallimard, 1988, p. 274.

Partiremos aquí, en un giro de 180 grados, en una nueva arista, en este punto crucial de nuestro recorrido, de la definición tal vez más sorprendente que jamás se le haya dado a la democracia; en apariencia la más insignificante, especialmente frente a los terribles males de los que venimos de hablar y que no desaparecerán por ningún encantamiento, de una definición de la democracia, que deberemos completar sin dudas, pero que sin embargo nos parece capital, la única que da cuenta de su realidad, de su posibilidad, de su necesidad; la única que, finalmente, considera y afronta enteramente, a pesar de su aparente contenido mínimo e inesperado, la más precisa enfermedad crónica de la democracia, o si queremos, la raíz moral de las enfermedades crónicas, ese "mal" del que la democracia es el remedio y la solución, permitiéndonos vivir e incluso vivir bien.

Esa definición es la de Winnicott, la que nosotros acabamos de poner en el epígrafe de este capítulo: "Una sociedad democrática es una sociedad "madura", que el autor completa de esta manera: "Me parece que, de todas sus acepciones, el término "democracia" contiene implícitamente la idea de madurez o de madurez relativa" (íbid.).

O también: "La democracia es por lo tanto definida aquí como una *sociedad bien adaptada a sus miembros sanos*" (señalada en el texto original).

¿Qué quiere decir Winnicott, psiquiatra, pediatra y psicoanalista? ¿Qué es un individuo "sano", y ese carácter aparentemente psicológico, qué consecuencias tan importantes tiene en el plano político?

Para saberlo, debemos reportarnos a un texto de la misma recopilación: "Le concept d'individu sain".

Tendremos la impresión de una suerte de círculo, pero es allí donde se juega todo:

> *Un hombre o una mujer sanos tendrán éxito al identificarse con la sociedad sin que haya una pérdida demasiado grande de las pulsiones individuales* [subrayado en el texto original, *op. cit.*, p. 30].

De esa forma, una sociedad será justa, o podemos también decir "sana" cuando ella permita ser a sus miembros y mantener su salud frente a eso que la amenaza siempre, los riesgos de del malestar o la enfermedad, en cada uno de nosotros.

Todo el trabajo de Winnicott consistió en mostrar cómo, el individuo humano debió atravesar la prueba de un "sufrimiento" original ligado a la fragilidad del lactante, sucedida luego por una ilusión de "omnipotencia" ligada a la ayuda del medio ambiente (y de la "madre" en particular). Esas dos dimensiones, de sufrimiento y de omnipotencia, solo serán provisorias. Si ellas persisten, resultan patológicas y destructivas. Y el individuo sano emerge en una relación aparentemente equilibrada, en relación a los otros, a sí mismo y al mundo. Él está al mismo tiempo apoyado y en oposición, y esto a la vez en su interioridad, en la exterioridad y en el mundo intermediario de la comunicación y del lenguaje.

Por lo tanto hay un riesgo inherente a la constitución misma del individuo humano.

Por otra parte, según Winnicott, ese riesgo no será conjurado jamás.

Para Winnicott, la guerra especialmente tiene el riesgo de suspender la democracia, porque en el poder participan no solo los individuos "sanos" sino también personas "enfermas", la salud además no es otra cosa que el conjuro de la enfermedad, y una relación feliz y creativa con el medio ambiente y con uno mismo, que nos da el sentimiento de existir e incluso de "ser". Esta definición de la democracia la hace tan precaria como a la existencia individual, presa de todos los riesgos de las relaciones: sufrimiento que convoca a una autoridad, fusión que no deja existir a los individuos, con un *entorno* que les permita explorar, creer, y cuestionar. Es esto último, y solo esto último, lo que es "sano" para los individuos y "maduro" para la sociedad, y que corresponde a la experiencia histórica de las sociedades democráticas.

No se trata solo, como podría serlo en el caso de Freud, de pedir a la "ley" reprimir en el sujeto humano las pulsiones de destrucción y de permitir la constitución de un "sujeto".

La posición de Winnicott es más racional y profundamente mucho más democrática, y al mismo tiempo ella enfrenta más peligrosamente los riesgos de las relaciones y de la democracia, haciendo sentir las oportunidades y los beneficios. La democracia provee un marco político, en una *confianza* relacional, que también permite a los sujetos mantener "sus propias pulsiones", y crear un mundo inter-personal. Ciertamente, cuando los individuos no están "sanos", porque el medioambiente los fragiliza y levanta los riesgos que llevamos entre todos "nosotros", entonces los riesgos se duplican y dan lugar a las patologías políticas que nosotros estudiamos aquí. Winnicott muestra también con una profunda inquietud que el individuo "sano", habituado a ese equilibrio, sufrirá más cuando aquel se rompa, cuando la enfermedad, la violencia o la guerra que él tuvo éxito en conjurar, irrumpen nuevamente en el mundo.

Pero está claro, justamente también por esta razón, que estamos en el corazón del sujeto, con todos sus recursos. En el corazón de la subjetividad humana y en el corazón del sujeto de la democracia, o del sujeto *democrático*.

Mientras tanto, ¿podemos contentarnos con la política tal como el mismo Winnicott la infiere? Veamos:

> El principal medio para promover la tendencia democrática es negativo: consiste en evitar las injerencias en nuestra vida cotidiana. El estudio de la psicología y la educación constituyen ayudas suplementarias (p. 294).

Texto extraordinario y capital.

¿Qué nos dice exactamente?

Que no hay que "construir" el sujeto y el régimen ideal. Que debemos conocer la "naturaleza humana", las relaciones vitales y sus riesgos, y solo sostenerlos.

¿Por qué esto sin embargo no es suficiente?

Podemos dar dos razones. En principio el individuo democrático no es solo aquel que está protegido por la democracia, es aquel que puede actuar, criticarla y contribuir. Además, el marco democrático tendrá sus propios riesgos y la política, aún cuando es fundamental, no puede reducirse a cuidar de los individuos, sino que también debe consistir en cuidar a las *instituciones*.

Es necesario entonces ir más lejos.

Sin embargo la brevedad de estos análisis no debe ocultar la importancia y el punto de cambio crucial que ellos significan o el obstáculo que ellos nos permiten superar.

Todo sucede en la creatividad y la fragilidad de las relaciones *entre los seres humanos*.

La democracia como forma de (bien) vivir

> ¿Podemos llevar una buena vida en una sociedad mala?
> *Theodor* W. ADORNO
> Citado por Judith Butler en *Qu'est-ce qu'une vie bonne?*,
> Trad. M. Rueff, Rivages, 2015.

El "sujeto" democrático no es un sujeto desdichado. Tampoco es necesario –tal como el Sísifo de Albert Camus, luchando él también con un suplicio crónico y eterno– "imaginarlo" feliz. Por otra parte, el sujeto democrático no repite de manera idéntica y siempre el mismo suplicio, porque su "mal" crónico no está nunca en un mismo estado: él conoce avances reales y retrocesos indiscutibles. Pero es necesario ir más lejos aún en la realidad de esos progresos frente a aquella de las regresiones. Incluso llegaríamos a sostener, después de lo precedente, no solo que el sujeto democrático puede ser feliz, sino que solo un sujeto o un ser humano democrático pueden ser felices, aún en su actividad crítica.

¿Cómo podría ser de otra forma, si nosotros entendemos por "democrático" el hecho para un ser humano de poder ser él mismo, en una relación con los otros que supera a la vez la tristeza, la violencia y la dependencia que los amenazan, en un marco social y político que sostiene esas relaciones y que permite a la vez la protesta y la creatividad? Sin embargo, él no es feliz en el sentido en que estaría plenamente satisfecho, sino en el sentido en que él tiene, como lo dice Winnicott, el sentimiento de estar vivo. "Lo esencial es que el hombre o la mujer sientan vivir *su propia vida*, hacerse cargo de su acción o de su inacción" (Winnicott, *op. cit.*, p. 30, subrayado en el texto). Y es lo que también permite, si hace falta, hacer frente a las peores amenazas sobre el mundo, ese marco y esas relaciones, de sacrificar su vida, pero no en nombre de la muerte o en contra de los otros: en nombre de esta vida creativa y de su defensa por él y por todos, y por los principios que la hacen posible. La serenidad que otorgamos a los místicos, atribuyéndolo a una fuerza sobrenatural, es probable que venga también de una vida "normal", es decir, del interior, deviniendo quizás extraordinaria, sin dejar de ser humana, frente a las amenazas extremas (como lo es también en las liberaciones extremas).

No se trata por lo tanto, de ninguna manera, de una metáfora si hablamos aquí de la democracia como una manera de vivir, e incluso de buen vivir y también en un sentido como la única manera de vivir bien, al precio incluso de un enfrentamiento constante con aquello que es un "mal", e incluso literalmente, una "enfermedad" crónica en la vida humana.

Y tampoco es una metáfora si, por el contrario, hablamos de ciertos modos de vida como "democráticos" en las relaciones morales, sociales y políticas entre los seres humanos, pero también hacia el interior de cada uno de ellos. Es porque, en las patologías que afectan nuestra vida, siempre hay (por lo demás desde el principio) efectos de las relaciones de poder entre los seres humanos, de ese poder que puede resultar, o bien en dominación y destrucción, o bien en un sostén y una creación. Ya Platón comparaba las constituciones de la Cité con aquella del alma individual, y de su "régimen" interior. Pero esto no es una metáfora, si debemos entender que uno de los dos dominios estaría primero en relación con el otro. Lo esencial sería, incluso ya para Platón, mostrar que son los *mismos males* literalmente lo que destruyen el alma y la Cité humanas, y que es contra esos mismos males *también* que ellas alcanzan la justicia *y el bien*.

Sin embargo, no es suficiente comparar nuestros modos de vida y la sociedad o la cité. El modo de vida democrático es afectado intrínsecamente por la democracia de la cité, *de tomar parte* y de interesarse en ella.

Ciertamente podemos sostener que debemos ya haber sido beneficiados con las relaciones humanas, haber accedido a una subjetividad feliz y "sana", para poder luego interesarnos y comprometernos en las relaciones humanas y en los asuntos de la Cité. Podemos tenerle miedo a una forma de "círculo". ¿Cómo interesarnos en los otros, sino hemos podido devenir en sujeto, un "yo mismo" en la relación con los otros? Hay aquí una profunda paradoja. Es esto lo que hace que la opresión extrema destruya justamente las capacidades de resistir e incluso de percibirla (eso explica el porqué las tiranías se aferran tanto a destruir las subjetividades humanas), mientras que la subjetividad más feliz, muy lejos de ser indiferente a la destrucción y a la injusticia, como podríamos creerlo, se indigna no solo por las grandes masacres, sino por la más ínfima ignominia. "La pérdida, el malestar (y la enfermedad) pueden ser más terribles para las gentes sanas que para aquellos que son psicológicamente inmaduros o deformados. Es necesario dejar a la salud el derecho de tomar sus propios riesgos" (Winnicott, íbid.). Conquistada contra los riesgos extremos del malestar humano, ¿cómo podría la subjetividad feliz no ser también extremadamente sensible? ¿Qué sufrimiento de la subjetividad humana sería mayor, cuando ella encuentra en su bienestar también la opción de su sacrificio, como cuando en el poema de Aragón, cantado por Leo Ferré, el resistente que va a ser fusilado clama el amor de su mujer y la elección de la libertad al mismo tiempo? "Y yo te dije de vivir/y de tener un hijo"¿Quién podría creer, (como en el grito del Gólgota, "Porqué me has abandonado") que puede haber un sacrificio humano de alcance universal, sin que él incluya un sufrimiento individual? ¿Y sin remontarnos para nada *mas allá* de la vida humana, sino justo hasta su principio *más vital*, y el más frágil a la vez?

Entretanto nosotros encontraremos siempre una pregunta, aquella que con sobriedad plantea Adorno, retomada luego con no menos seriedad por Judith Butler, cuando ella recibe el prestigioso premio Adorno: "¿Podemos llevar una buena vida en una mala sociedad?".

Esta pregunta no conduce solo sobre la cuestión de saber si el contexto de una injusticia política puede complicar nuestro bienestar individual, tanto como si un espectador saciado puede incomodarse delante del espectáculo de la miseria de los otros. Esa no es la indignación del "alma bella" que criticaría Hegel. Una vez más, el sujeto moral (pero también vital y humano) se define por su capacidad de percibir y sentir la injusticia, tanto en su vida individual como en la cité, y es porque los héroes y las heroínas de las grandes tragedias son siempre afectados *dos veces*, como Hamlet por su tío que resulta el rey ilegítimo de Dinamarca, o Antígona, a quien una ley injusta le prohíbe enterrar a su hermano. O si preferimos, porque la tragedia es la prueba de la naturaleza de la vida humana por su sufrimiento, ellos nos muestran que nuestro bienestar y la justicia son inseparables.

De esa manera, no es solo una relación democrática consigo mismo y con los otros lo que define al sujeto democrático y puede hacerlo feliz; es también su implicancia en los asuntos de la cité, y su compromiso, no siempre al costo de su propia vida (felizmente), sino generalmente por lo contrario, como crecimiento de su propio bienestar moral y vital. El sujeto democrático incluye la cité e incluso el mundo en la búsqueda de su propio bien. Y puede aparecer también constantemente crítico porque, en efecto, la mala sociedad es un objeto de lucha y de crítica. Pero el bienestar y la crítica son inseparables de hecho. Y no solo el acto crítico real que surge de un bienestar secreto, sino que él lo nutre y busca compartirlo y expandirlo. Desconfiemos de aquellos que nos prometen el bienestar perfecto, ellos nos traerán los peores males; desconfiemos también de aquellos que solo saben criticar, ellos se destruirán a sí mismos con nosotros; sigamos a aquellos en los que la crítica es el molde del bienestar que la constituye, y que ella fuerza a poner en juego; porque ellos saben a la vez dónde está el bien y qué es lo que nos separa de él. De esa manera, la democracia deviene plenamente en forma de vida, construcción del yo, estilo de existencia. Ella es el bienestar no solo de ser recibidos en un marco suficientemente justo, sino de construirlo y reforzarlo, por una acción, que es una lucha contra los obstáculos que se oponen, pero también una creación que contiene en sí misma su propia prueba, y su recompensa.

Las instituciones a doble o nada

Debemos entonces plantearnos el problema de una manera diferente de la que creíamos.

Creíamos que podíamos describir las instituciones democráticas perfectas y después, preguntar si la naturaleza humana la "seguiría" o sería "capaz". Ese era por ejemplo el método de Rousseau, siguiendo además el ejemplo de Platón, en su *République*.

Pero la pregunta no es esa. Ella es incluso inversa.

Debemos partir mucho más de las divisiones y las debilidades (pero también de las fuerzas y de los recursos) de una "naturaleza humana" imperfecta, para pensar las instituciones que, necesariamente imperfectas y frágiles ellas también, pueden hacer feliz al sujeto.

Comenzamos esta búsqueda señalando que podíamos reducir a la democracia a un régimen político o a las instituciones. Efectivamente es necesario y hemos comprendido progresivamente porqué. Es imposible reducir la cuestión de la democracia a las instituciones y especialmente si creemos que ellas la realizan o incluso pueden concretizarla plenamente. Pero también vemos que la democracia no puede hacer caso omiso de la dimensión institucional de la democracia y pasa también necesariamente por eso que con justeza, pero muchas veces sin reflexionar demasiado, llamamos democracia. Ella es el remedio adecuado a un "mal" crónico de lo humano.

Pero esas instituciones, con seguridad no harán desaparecer los males "crónicos" contra los cuales ellas se crearon. Por el contrario, no solo ellos contribuyen a dominarlas y perseguirlas, sino que son susceptibles de ser estimuladas e intensificadas en todo momento, especialmente con los nuevos cambios históricos. Esto es lo que se produce hoy, con las crisis o los cambios abruptos actuales, característicos de esos males crónicos que venimos de describir. Ellos piden un nuevo tipo de de remedio y de cuidado.

Es por eso que, antes de intervenir en esas "crisis" que afectan a las principales instituciones de la democracia, debemos hacer aquí una "pausa", sobre la cuestión de las enfermedades crónicas en general, y sus crisis, así como el nuevo modelo de cuidados que ellas exigen para afrontarlas.

Es después de esto que podemos volver sobre las tres crisis que sin embargo podemos mencionar desde ya.

El cinismo y la mentira, mantenidas y desarrolladas en particular por Internet.

El racismo nutrido por el terrorismo.

El neo – o el ultraliberalismo, incrementado por la mundialización.

¿Cómo se producen estos cambios bruscos o sus crisis hoy, como luchar contra ellas y por lo tanto no solo "frenar" esas crisis y vivir "con", sino también y ante todo volver a la vida democrática?

Tales son las preguntas a las que trataremos de responder, después de recordar cuánto la imagen de "enfermedades crónicas" es aquí mucho más que una imagen: un nuevo modelo de remedio y de cuidado.

De "curar" a "contener" y volver a la vida: las enfermedades crónicas como un nuevo modelo de cuidado

El término "enfermedad crónica" parece producir en el terreno específicamente médico una doble amenaza, o, si queremos, un doble fracaso aparente: estas son a la vez enfermedades que no se curan y enfermedades que es necesario cuidar todo el tiempo (de donde ese término que reenvía con seguridad al tiempo: "crónica"). Si añadimos a esto su efecto social y político, hacia donde ellas parecen extenderse como parece suceder hoy en día (no sería más que a causa del envejecimiento, con sus oportunidades y sus amenazas), pareciera que son todas las dimensiones del cuidado y de la vida las que se conmocionan con ellas.

Pero no debemos detenernos allí, muy por el contrario.

No solo las enfermedades crónicas no deben de ninguna manera hacer renunciar al cuidado, en ninguna de sus dimensiones, objetiva, subjetiva o social, sino que ante todo ellas implican un nuevo modelo de cuidados, en todas sus dimensiones, que podría reenviarnos a los aspectos más esenciales (y no excepcionales) de esto, intensificando y recordando no solo las dimensiones más negativas, sino las más positivas del cuidado, de la vida, y además, del mismo tiempo.

Debemos por lo tanto decir aquí una palabra, seguramente porque la dimensión política y social está implicada (podríamos decir que la democracia forma parte del cuidado), sino también porque ese modelo (y es con seguridad la tesis de toda esta investigación) se aplica a la política y a la democracia, y esto no es para nada por la imagen o como metáfora, sino en sentido bien literal.

En principio, ya sea que lo veamos del lado objetivo del cuidado o del costado que llamaremos más precisamente el tratamiento, aparecerá rápidamente algo que es esencial. Ciertamente, el cuidado en el caso de las enfermedades crónicas, no puede consistir en curar en el sentido de eliminar la enfermedad, que es el sentido dado a esa palabra en lo que llamamos las enfermedades agudas, y que siguen siendo el modelo implícito de la medicina. Un ser en buena salud es bruscamente afectado por una enfermedad que puede ser grave hasta el punto de ser mortal, pero la técnica médica aísla la causa, la trata, e incluso aún cuando no regrese exactamente al estado anterior, al menos el peligro y aún la misma enfermedad son evacuadas y "terminadas". El ser humano regresa entonces a la vida después de una interrupción violenta, incluso urgente, milimetrada y cronometrada minuto a minuto, pero que regresa al curso "normal" donde el tiempo no es ya más objeto de un recorte violento, pero regresa por el contrario a su feliz inconsciente, a este inconsciente que, como lo veremos, define el bienestar.

Por el contrario, en la enfermedad crónica, la irrupción puede ser realmente brutal, en los síntomas como en su irrupción, ella no ha estado aquí necesariamente desde siempre; pero se duplica con otra violencia: el anuncio de que ella no está aquí para desaparecer, que no es temporaria, que no podrá ser eliminada y acompañará por el resto del tiempo de vida. Por lo tanto la naturaleza del cuidado debe cambiar. Sin embargo, eso no deviene necesariamente en lo que conocemos como "cuidados paliativos", dado que ellos designan los cuidados reales y vitales que acompañan a la enfermedad cuando el pronóstico vital e incluso el veredicto fatal ya están dados. Los cuidados paliativos no son cuidados por carencia, no se reducen al acompañamiento moral y subjetivo: ellos tratan las causas objetivas del sufrimiento. Son médicos. El tratamiento de la enfermedad crónica como tal está en un mientras tanto: no puede eliminar la enfermedad, pero él puede evitar que conduzca al umbral de la muerte o, más precisamente, consiste en mantenerla más acá de ese umbral y en general alejada de los umbrales críticos, que harían la vida imposible. Brevemente, el cuidado de la enfermedad crónica no consiste en curar en el sentido en que lo conocemos, sino que consiste en contener la enfermedad.

Contener. En francés ese término tiene una doble acepción temible, dolorosa, pero también resistente. Él indica la interioridad de la enfermedad, como un cuerpo extraño en el cuerpo viviente; pero también denomina a la capacidad de frenarla, más allá de un cierto límite donde él impediría o interrumpiría la vida. Sabemos cómo se traduce este acto de "contener" en el tratamiento médico: eso significa para el médico disponer de criterios, de indicadores precisos, que es necesario mantener precisamente más allá de un cierto umbral crítico; más allá del cual entraríamos en cambios rápidos o en la crisis aguda y posiblemente mortal. De esa forma, el tratamiento de la enfermedad crónica objetiva, necesaria e inevitable, los factores y los umbrales, indefectiblemente cuantitativos. Los análisis médicos y sus resultados son, con una violencia temporal inevitable, los que imponen el ritmo en la vida del enfermo.

Conservemos con precisión este modelo de cuidados: lucha contra un factor identificado de daño, definición de los umbrales, tratamiento diferenciado por debajo del umbral (con el tratamiento de rutina, podemos decir, para evitar los cambios bruscos), y más allá, con un tratamiento de la crisis, a veces quirúrgico. Es uno de los aspectos de este modelo de cuidado, el que se aplicará tal vez sin metáfora, a las enfermedades crónicas de la política.

Entonces comprendemos que ese tratamiento parece hacer la vida "imposible"; está ligado a eso que siempre viene a duplicar la violencia de la enfermedad, que es la violencia propiamente temporal del cuidado, precisamente de la urgencia a lo crónico.

Pero es aquí donde interviene el otro aspecto del modelo que es necesario señalar. El tratamiento, o aún más, el cuidado completo tiene un aspecto subjetivo que reactiva la vida en todas sus dimensiones. Esto ya es así en la misma relación médica, si ella no se dedica exclusivamente al proceso del tratamiento, donde se establece el marco y la relación que le dan un sentido y la ubican en la vida de los individuos que luchan. Ese es también el caso "en las pausas", pero a condición de olvidar que se tratan de pausas, la "vida" retoma, a condición de que no sea la vida como "supervivencia", sino la vida como revivir, como real, en todas sus dimensiones, desde el movimiento de un cuerpo en el mundo hasta la acción en el trabajo en la sociedad, pasando por las relaciones amorosas, amistosas, también sociales en general, con sus dimensiones más vitales y cada día a su manera, sus creaciones efectivas (y no solo el rellenar el tiempo, sino con avances imprevisibles y siempre novedosos).

Es aquí que el modelo de cuidados toma además un alcance general, no ya por debajo del umbral sino mas allá incluso del "curar" esta vez.

Porque nos representamos la curación como el retorno a la "salud" como ausencia de enfermedad; pero ella es en realidad un retorno a la vida, como proyección y expansión de la existencia, frente a eso que puede disminuirla o incluso destruirla. A partir de entonces, debemos apoyarnos en las experiencias de ese regreso o de esta recuperación, para poder pensar nuestra vida, individual y social, ética, pero también política.

Tal es el nuevo modelo de cuidados. Este no es el lugar de profundizarlo más como tal.

Es necesario decir una palabra de su alcance político. Volveremos en esto que sigue sobre el tratamiento de "las enfermedades crónicas de la democracia". Pero debemos señalar en efecto, que se trata también de democracia en el tratamiento de las enfermedades crónicas de la vida. Más aún que en otras enfermedades, donde la urgencia y el carácter temporario pueden suspender por un tiempo las exigencias éticas, sociales y políticas; las enfermedades crónicas las ubican en un primer plano. Ya sea que se trate de la autonomía del enfermo, en una relación que no debe ser de simple dependencia, pero que es señal del "pacto médico" a lo largo de su curso; que se trate de la dimensión social de su vida, afectada como en toda enfermedad, pero de una manera más substancial aún, siempre en razón del factor temporal pero también discapacitante de la enfermedad; o finalmente del factor político, si entendemos por eso la repartición de los medios y de los cuidados en general según los principios de justicia, las enfermedades crónicas suscitan la cuestión de la democracia.

Podemos decir entonces, sin temor a exagerar que es necesario tratar las enfermedades crónicas de la democracia, si queremos que la sociedad trate democráticamente las enfermedades crónicas de la vida, es decir, las trate simplemente porque no es una cuestión secundaria o facultativa, sino por el contrario, es una dimensión constitutiva. Por cualquier parte que la tomemos, la cuestión "crónica" está bien en el corazón de nuestras vidas y de la política. Pero insistamos una vez más y antes de ir más lejos: esto no es solo de manera negativa y avasalladora de todo "el tiempo", sino por el contrario, también nos obliga a quitar toda relación exterior al tiempo, incluyendo aquel de las promesas y las ilusiones que serán desmentidas por él, para volver a las relaciones activas entre los seres humanos, en el tiempo y en nuestras vidas, desde ahora.

SEGUNDA PARTE
LAS CRISIS ACTUALES Y LA DEMOCRACIA COMO
INSTITUCIÓN:
CINISMO, RACISMO, ULTRA-LIBERALISMO

El problema que tenemos delante nuestro es muy simple.

Se trata de interpretar las "crisis" actuales, aquellas que vivimos hoy, no como eventos aislados y asombrosos, sin relación entre ellos ni con una significación común –como es generalmente el caso-, sino como *crisis* en un sentido bien preciso, porque ellas surgen cada vez (como un pico de fiebre o una inflamación) *después* o *durante* la "enfermedad crónica" original de la democracia, la relación con esta enfermedad crónica permite para cada una de esas crisis, *comprenderlas* y, al mismo tiempo también relacionarlas y *enfrentarlas*, separadas o de manera conjunta. Y esto, del mismo modo que con las enfermedades crónicas con sus crisis o con sus cambios bruscos más peligrosos, no solo para evitar la muerte o la destrucción, sino también para regresar a la vida y su creatividad. Tanto como las enfermedades crónicas de la democracia, con sus picos mortales, ponen en peligro no solo "la democracia", como si ella fuera indiferente a la vida humana, sino a la vida humana *misma*.

Distribuiremos por lo tanto las tres crisis que caracterizan nuestro presente, a las cuales, al menos a dos de ellas, les daremos el nombre más habitual en la actualidad: el *racismo*, el *ultraliberalismo*, pero también eso que llamamos el *cinismo*, por el cual comenzamos, además.

Se trata para nosotros de ver cada vez un aspecto *preciso* de la enfermedad crónica de la democracia, después de un pico nuevo y grave, no solo por una suerte de ataque interior de fiebre, sino también por el estremecimiento exterior, un cambio histórico profundo, que forma parte de nuestro presente, y que contribuye a su gravedad. Esas crisis no habrían tenido lugar sin esas sacudidas, ni las sacudidas producirían las crisis si ellas no estuvieran, por decirlo de algún modo, en el seno de la democracia, sobre una fragilidad crónica albergada por esta y contra la cual es inútil luchar (porque es posible) e incluso más allá de la cual se podrá sobrevivir, solo tomando conciencia de manera lúcida.

Pondremos además estas tres crisis de nuestro presente bajo el signo, no solo de la enfermedad, sino especialmente en la *negación* de la enfermedad crónica de la democracia, esa negación, de nuestra parte, de parte de los ciudadanos y de los actores de la democracia en general, no hace más que agravar el mal.

Y es tratando de manera general, lo vimos en la primera parte de esta investigación, de ceder a la negación de la ambivalencia humana, a la negación de esta violencia interior de cada ser y de cada grupo humano, que definimos la aspiración democrática en tanto ella viene a *oponerse* a esta violencia. Y en otros términos, es tratando de olvidar uno de los dos aspectos de la realidad: el "mal" que hace que la democracia luche contra un obstáculo y no sea, o incluso no lo será jamás, una realidad perfecta; pero también esos *progresos* o esos actos reales, a los cuales ella se opone realmente, y define una aspiración pero también, como lo vimos, una orientación y un progreso real contra las regresiones no menos peligrosamente posibles y *reales*. Tal desafío de orden general es bien tentador.

Sin embargo ninguna de las "crisis" que vamos a examinar descansa, en nuestra opinión, en uno de esos "desafíos" precisos, llevado él mismo al extremo:

-El *cinismo* contemporáneo, donde la generalización de la sospecha o del "complot", se instala sobre el desafío de la democracia misma, de su efectividad, de su *realidad* y de la *confianza* que es necesario acordarle, no sin ciertas reservas, pero sobre hechos y pruebas.

-El *racismo*, ¿sobre qué se instala si no es sobre el desafío, no tanto de la alteridad como en la *división* y la *violencia interior* a cada grupo humano? Y no se trata solamente (como lo veremos) de un desafío del otro, él es también, porque plantea un todo perfecto y sin fallas, como una identidad o una esencia, un desafío de sí mismo, de sus fallas, pero también de sus fuerzas, las más reales.

-Finalmente, el *ultraliberalismo* nos parecerá, bajo todas sus formas, las más locales o las más globales, como un desafío de la interdependencia humana, de las *relaciones*, sin las cuales cada humano no puede existir, a riesgo de su desaparición, pero también con la oportunidad, de su individuación y de su creación.

De esta forma, cada una de las grandes crisis actuales y posiblemente mortales de la democracia nos parece sostenerse sobre el desafío de un aspecto fundamental de la ambivalencia humana –de su parte de violencia, pero también de su aspiración interior-, que la democracia es el único régimen político y la única orientación histórica a tener en cuenta. Todas las demás sacrifican esta ambivalencia, en beneficio de un supuesto bien o a propósito de un mal absoluto reivindicados como tales (el "totalitarismo" bajo todas sus formas, en su relación con el "nihilismo" en todas sus formas, una vez más).

Es por eso también que es necesario tomar conciencia del fondo común de esta enfermedad crónica y de la especificidad de cada una de sus crisis para luchar contra ellas y volver a la vida.

La razón es también, como ya lo hemos dicho, que cada una de esas crisis supone otro sacudón imprevisto, contemporáneo, que definirán por su lado, las circunstancias del presente, la *situación* presente.

En otros términos, podemos plantear un axioma general: *todo desafío o todo rechazo de la ambivalencia vuelve a incrementar sus efectos destructivos.*

Pero ese riesgo, no es solo teórico. Crónico como es, es también concreto e histórico y se nutre de los cambios producidos en la historia. Y si vuelve y se redobla hoy, no es solo por razones teóricas o ideológicas. Es verdad que las ideologías que niegan e incrementan al mismo tiempo los peligros de la democracia, están de vuelta o más aún (porque ellas no habían desaparecido) conocen un pico crítico, en todo caso son más poderosas de lo que eran desde de la segunda guerra mundial.

Pero este brote ideológico no es suficiente para explicar los peligros del presente, o más aún, de explicarse a sí mismos, y los propagadores de las doctrinas más radicales se sorprenden ellos mismos de su propio éxito.

Hay otros factores, otras fuerzas que explican el franqueo o el riesgo de franquear los niveles críticos.

Los designamos con una palabra en cada uno de los casos que venimos de resumir.

Las patologías de la sospecha, del complot o del cinismo, de las que tratamos en el primer capítulo, se han decuplicado y transformado en su naturaleza por el desarrollo de Internet.

Las patologías de la "identidad", de las que tratamos en el segundo, lo son por los hechos de guerra y por el terrorismo.

Y aquellas de la economía –objeto del último capítulo- por la mundialización. En realidad, cuando nos sorprendemos de las transformaciones del mundo en la superficie, es que olvidamos los cambios del mundo, en su profundidad. ¿Cómo no serían sacudidas las ideologías como si fuera un *shake-up* produciendo un coctel peligroso, cuando estas sacudidas globales afectan la vida humana en su "naturaleza" misma?

Hay una conmoción antropológica. Pero eso no es justamente una razón, ni el momento para la humanidad, de bajar los brazos. Porque eso que las sacudidas afectan, no es una "naturaleza" uniforme, sino fuerzas opuestas que involucran también aspiraciones y una orientación, y capacidades de progreso y de resistencia. Hay temblores muy profundos que nos dejan siderados. Pero debemos remarcar cuánto son capaces de resistir los seres humanos (además de la resiliencia) y cuántos recursos tienen para responder, por el rechazo y las invenciones.

Del mismo modo debemos resistir también a una confianza beata que no nos lleva a ninguna parte, y tomar la dimensión de los niveles críticos y de sus peligros, y debemos responder efectivamente.

En esto seremos ayudados por la ambivalencia, porque por naturaleza ella involucra dos facetas o dos filos. Es el caso de los niveles técnicos que caracterizan nuestro momento humano. Internet, por ejemplo, no es solo la feliz "aldea global" profetizada en el comienzo de los Treinta Gloriosos (por el sociólogo americano Mac Luhan). Es un caos de rumores y a veces de violencia. Pero también es un instrumento admirable para las nuevas Luces, para una nueva Enciclopedia. No nos sorprenderemos, desde ese punto de vista, de que uno de los raros defensores intelectuales en Francia, Michel Serres, haya sido en principio el más grande lector del más grande enciclopedista en la historia de la filosofía, que había esperado y vaticinado un Tesoro global de la humanidad, siendo él mismo bibliotecario: Leibniz o el autor de los *Nouveaux essais sur l'entendement humain*. Todos los instrumentos de la técnica, incluso la nuclear que puede servir a la medicina, tienen los dos rostros del Dios Jano. Todo puede servir a la paz, pero también a la guerra, desde el primer trozo de madera al análisis numérico de todas las imágenes y todas las voces, de nuestra salud y de nuestra vulnerabilidad. Debemos decir lo mismo, no seguramente del terrorismo que no tiene faceta positiva, sino de la división interna que él evidencia negándola, tanto como la interdependencia en la que el desafío constituye el peligro del ultra-liberalismo, esta vez mundial, esta división y esta interdependencia son la llave de nuestra vida creativa y activa.

La misma "mundialización" tiene doble filo y duplica ella sola la fuerza de la ambivalencia humana, y no ha terminado de medir sus efectos. Mientras tanto esos efectos son multiplicados, en tanto son siempre efectos de la misma causa, con sus patologías y sus picos precisos sobre los cuales debemos insistir en el análisis que sigue. Ensayo que no se apoya únicamente, como esto que lo precede, sobre principios filosóficos que podríamos explicitar uno por uno, pero que busca más proponer un esquema de aplicación y de intervención, y esto sobre los tres casos principales y temibles, que venimos de mencionar, para entender que ellos se apoyan en los males crónicos de la democracia, cómo se manifiestan sus picos y sus fiebres actuales, cómo podemos y debemos considerar enfrentarlas.

1

El cinismo, su crisis actual y cómo afrontarla

Podemos preguntarnos si no hay hoy un desdoblamiento de los riesgos que amenazan la libertad de opinión y de expresión, las que son sin ninguna duda el primer pilar de la democracia.

Porque en principio y ante todo debemos defender esta libertad fundamental contra aquello que puede limitarla abusivamente. Este sigue siendo el primer principio de la democracia, en contra de su primer riesgo. Es además el primer principio, en oposición a los otros regímenes que oprimen la libertad de opinión, de expresión y de conciencia, contra la *tiranía*. Pero también es su principio interior, que consiste en permitir la crítica interna del poder, en contra de sus propios abusos. ¿Cómo no sería la primera libertad democrática, la de expresar el rechazo de las violencias internas o las violaciones? ¿Y cómo no sería la primer violación el prohibir, aplastar la expresión del sentimiento mismo de violación? La libertad de opinión no consiste solo en no imponer ningún dogma por el poder. Ella consiste también en tener el derecho de criticar el poder, e incluso a las mismas instituciones que protegen la libertad de opinión, contra el abuso que las amenazan siempre, especialmente "en democracia", justamente porque "la democracia", como lo vimos antes, nunca está acabada o realizada, jamás se *termina*. Por lo tanto, se trata sin dudas de uno de sus pilares: las instituciones que permiten y protegen la libertad de opinión, con eso que las hace vivir desde el interior contra sus propios riesgos internos, y que no es otra cosa que la *crítica*.

Pero también es cierto que hay otro riesgo que puede amenazar a la democracia, que es objeto hoy por numerosas razones de una peligrosa recrudescencia de intensidad, incluso de una crisis "aguda". Es como una patología, esta vez, *de la crítica* misma. El riesgo no de su extensión, sino de un cambio radical. Es el mecanismo que transforma la crítica *en sospecha*, la crítica local en sospecha generalizada, la crítica *en* y *con vista a* la democracia en sospecha *sobre* la democracia y en su *contra*. Es el riesgo de poner en entredicho los principios y las *instituciones* mismas de la democracia, como si ellas no fueran un *marco* neutro y objetivo donde encuadrar la ambivalencia de las relaciones humanas, como si ellas fueran un actor de esas relaciones de las que podríamos sospechar de malintencionadas. Ese mecanismo no corresponde a la orden de la crítica, que es necesaria para el reforzamiento mismo de la democracia, el marco común que permite la crítica y el acuerdo, el cual descansa sobre un principio ciertamente implícito, y por lo mismo evidente y vital, que está en el corazón no solo de las instituciones, sino de la vida humana en general, y que es inseparable de la crítica real, a saber: la *confianza*.

Es sobre este segundo riesgo, más que sobre el primero (incluso cuando el riesgo de tiranía no ha desaparecido por fuera y hasta en la democracia), que querríamos dar aquí algunas rápidas indicaciones, en tanto él es revelador de las amenazas que hoy pueden alterar el interior de la democracia y la vida humana. Porque vale tanto una como la otra: ellas tienen necesidad *a la vez* de la confianza y de la crítica, si bien de manera diferente.

Este último punto nos muestra además desde ahora, una indicación decisiva para afrontar el riesgo y dar respuesta. En el caso de la vida humana, eso que provee el marco de la confianza, son en principio y directamente *las relaciones entre los individuos*, una amistad o un amor por ejemplo (y especialmente el amor incondicional que subsiste desde el comienzo de la vida humana y que está en su condición), que verifican su fuerza y su alcance, no en una pureza absoluta e intachable, sino en su capacidad de enfrentar su ambivalencia y su violencia interna, especialmente permitiendo la discusión crítica y libre entre los actores de esas relaciones. "Hablemos" se dicen los amigos, e incluso los amantes, cuando hay una dificultad en su relación. Una amistad o un amor no son humanos sino es por esa mezcla de pasión y de discusión o más bien, de los dos aspectos de pasión relacional y racional, que es una relación con el otro, pero también con uno mismo.

Pero lo que construye el marco de la confianza, en el caso de la política, no son directamente las relaciones, sino las *instituciones*. Es por ello que la "libertad de opinión" o de expresión es la primera de todas, la que también donde la violación hace surgir la pasión de la libertad y de la democracia. ¡La que debe siempre recordar a aquellos que querrían abandonar a la democracia, terminar con ella! Porque ella instituye, es decir, define por una convención común las reglas y un marco para la expresión de las opiniones contrarias y de los conflictos, o incluso de la misma violencia. Por lo tanto, la democracia no es solo la libertad de criticar, sino la confianza en las instituciones que permiten esa libertad y que sacarán las consecuencias, para el progreso democrático contra las regresiones antidemocráticas, en resumen, para que la crítica sea continuada por un efecto, incluyendo cuando ella critica algunas carencias del marco mismo. La paradoja de la democracia, pero también su condición y su fuerza, es por lo tanto este equilibrio entre la confianza y la crítica, garantizada por las instituciones, ellas mismas "críticas" en un doble sentido, en el sentido en que ellas permiten la crítica, como actividad humana, pero también donde ellas son objeto de crítica, una condición vital de la democracia y de la vida humana.

Ellas lo son además, por otra razón, que encontraremos al final de los breves análisis que siguen. Es que, en realidad, las relaciones de confianza entre los seres humanos (amistad, amor, por ejemplo) tienen ellas mismas necesidad de un marco político e institucional para ser posibles. No es que esas dos dimensiones se mezclen. No podremos jamás confundir la justicia y el amor, y tampoco es cuestión de amar a las instituciones, o a sus representantes y confundir el orden. Pero la desconfianza en las instituciones se insinuará hasta en las relaciones más íntimas. Y tanto como el totalitarismo, en el sentido clásicamente político del término, se insinúa en la más vital intimidad, las relaciones amorosas, parentales, amistosas e incluso la relación en sí misma (hasta en los sueños y los deseos), lo mismo que la sospecha, que es la patología más crítica, cierra las puertas de las habitaciones y de los corazones, no prohíbe solo la discusión sino la relación, pervierte toda la vida humana. Tal es claramente el peligro, que generalmente tenemos tendencia a minimizar, porque solo vemos un inconveniente mínimo de esta libertad de criticar que está en el centro viviente de la democracia y de la vida humana. Tenemos la prueba de que "todo va bien", es decir cuando las instituciones críticas permiten y sostienen las relaciones de confianza y son a su turno permitidas y sostenidas por ellas, en ese círculo virtuoso que es el recurso contra todos los peligros. Pero sin embargo, ellos no abolen ni disminuyen la realidad de esos peligros.

Debemos por lo tanto comenzar por insistir sobre esos peligros, su formulación más clásica, como su forma más novedosa, para entender porque ello no tiene nada de secundario, porque están en el corazón de la patología de la democracia, ciertamente de manera intemporal, pero también de la forma más actual.

El peligro más grave

¿Por qué en principio, esa sospecha democrática (o anti-democrática) sería (con la tiranía) el peligro más grande que amenaza a la democracia?¿No es él una manifestación, ciertamente extrema, incluso una perversión, pero al final en la continuidad de la libertad de opinión y de la crítica que la define, y que debe ser bien capaz de luchar contra sus propios riesgos? La democracia, ¿no es ella capaz de afrontar y de tratar sus propias "enfermedades", especialmente si ellas son "crónicas", y en qué sentido esto representaría un pico que impondría pensar en límites y respuestas específicas en la medida en que ese nivel esté en riesgo de ser alcanzado?

Es paradojalmente en Platón, o más bien en una sorprendente lectura de Platón propuesta a fines de la segunda guerra mundial por un filósofo de las ciencias, Alexandre Koyré, entonces exiliado en Nueva York, que encontraremos la respuesta más profunda a esas cuestiones, que son legítimas.

¿Por qué Koyré publica en 1945, en inglés y en francés al mismo tiempo, una *Introduction à la lectura de Platon*, publica durante la guerra, en 1943, un texto admirable titulado *Réflexions sur le mesonge*, sobre la propaganda totalitaria y su inaudita potencia? Seguramente es porque él ve, en el regreso a Platón, una respuesta al mal que él ha diagnosticado durante la guerra y que no ha terminado con ella.

Pero la respuesta que él encuentra en Platón no es la que creemos. Aquí está el punto fundamental.

Podríamos presentir que eso que Koyré, frente a la propaganda y a la facilidad con la que ella puede imponerse en democracia, retome la crítica que el filósofo dirigía a esta, de ser el reino de la "mezcolanza" y de la mentira, y que vuelva, como tantos otros, al proyecto del "filósofo-rey", es decir a un gobierno basado en la verdad, este debería ser tiránico, solo la verdad puede hacernos salir del desierto y del delirio de la opinión desenfrenada. Sin embargo, este no es para nada el caso. En verdad, el recuerda en su libro demasiado olvidado, como Platón describe en su *République*, la jerarquía de los regímenes políticos y, en el libro VIII, la forma en que ellos se degeneran, cada uno a su manera por decirlo así, a su propia enfermedad "crónica". Y seguramente es el régimen del "filósofo-rey" el que, según Platón, es el mejor, evitándonos el caos de la democracia y las rivalidades de la oligarquía, y esto, aún cuando pueda derivar en tiranía –lo que es, recuerda Koyré, "la desgracia suprema tanto para el hombre como para la ciudad".

Es entonces que, ya no sobre el comentario estricto de Platón, sino en su propia conclusión, Koyré introduce un cambio que es un giro inesperado. Ese giro es el siguiente: es que la enfermedad o la degeneración de los regímenes bajo su forma ideal no es un "riesgo", es mucho más que un riesgo y mucho más grave que un riesgo, *es una necesidad, que cabe en la "imperfección humana"* Por lo tanto, no debemos comparar la forma ideal de los regímenes políticos, sino que debemos comparar sus formas degradadas. No debemos comparar a los regímenes políticos en su supuesta e ideal buena salud, sino por el contrario *en sus enfermedades e incluso en sus enfermedades mortales.*

Entonces, la jerarquía se invierte, según el principio que luego será un adagio en latín: *Corruptio optimi pessima*, o, como escribe allí Koyré, *Perversio optimi pessima*. Es decir, la perversión, la corrupción o si queremos, *la enfermedad del mejor es la peor*, o también lo mejor es enemigo de lo bueno, porque su contrario será peor que el mal. Más la cuestión es bella y buena en la idea, más será mala e incorrecta su degradación. Ahora bien, esta degradación, en seres imperfectos como lo son los seres humanos, es inevitable. Lo mejor dará siempre y por necesidad, lo peor. El razonamiento es irrefutable.

Por consiguiente, no soñemos más con el filósofo-rey, él dará necesariamente esto: La abyección del poder arbitrario de la ciudad tiránica.[1]

Por el contrario, podemos tener confianza en la democracia: ella es tan imperfecta en su origen, que su degradación será (como también lo decía Churchill) el menor de todos los males.

Ciertamente, ya débil, ella también se degrada:

---

[1] (Koyré, *Introduction a la lecture de Platon*, Gallimard, Essais, 1962, p. 156).

> En la idea, es la menos perfecta de las ciudades, la más débil, la menos
> unida, la menos estable. Es por ello que se pervierte tan fácilmente, se
> divide y se trueca en demagogia, deviniendo infiel a la ley, a su propia ley
> de libertad individual (p. 157).

Pero justamente esta degradación no cambia gran cosa:

> Aquí la perversión es muy pequeña, la caída es mínima. La democracia
> real, aún pervertida, es todavía muy preferible a la oligarquía.

Y para concluir:

> También, en ese mundo, mundo de imperfección y de perversión, mundo
> de ciudades "malas", le democracia es de lejos el mal menor.

En el terreno de la opinión, su fuerza tiene también su debilidad:

> Gracias a su debilidad, ella influencia apenas la vida intelectual y moral
> de los miembros de la ciudad. Sin dudas ella no los educa para el bien.
> Pero al menos no los deforma *sistemáticamente* para el mal. (El señala-
> miento es mío).

Pasaje de una profundidad sorprendente según nuestra opinión, interpretación de una audacia y de una simplicidad sin igual, y que en apariencia vale para nuestro presente, para *casi* todo nuestro presente. ¿Qué dice Koyré? Poco importa la coexistencia en el espacio democrático del discurso verdadero o del discurso falso, poco importa el caos de las opiniones. Él degrada, ciertamente, el principio de la libre discusión. Pero es mucho menos grave que la tiranía sistemática que invierte el principio del mejor régimen en mal político absoluto. Si, la ciudad democrática, la "sociedad abierta" que teorizará en el mismo momento (pero de su lado contra Platón) ese otro filósofo de las ciencias exiliado que fue Popper, ella sola es capaz de preservar la verdad, ciertamente al lado del error e incluso de la mentira, pero muy fuertemente, en esta libre coexistencia, que todo régimen cerrado pretenderá detener e imponérnosla.

Elijamos de todo esto un simple principio: es que no podremos jamás remediar los males de la democracia recurriendo a su contrario, la tiranía. Es el caso de decir que el remedio es peor que la enfermedad. Pero ¿es seguro que la democracia no pueda hundirse *en el interior* de la tiranía, y que no haya un riesgo de degradación radical que sería claramente peor que su degradación crónica, contra la cual ella puede efectivamente luchar?

En todas las páginas finales del libro, y coincidiendo con su diagnóstico de 1943 sobre los regímenes totalitarios, Koyré lo dice muy bien. Ese riesgo no descansa en la coexistencia variopinta de las opiniones (a lo que en apariencia parece reducirse Internet hoy en día), sino que se basa en la manipulación deliberada de parte de aquel que se sirve de la democracia y esto a su solo beneficio: aquel que tanto Koyré como Platón llaman el demagogo:

> Leyendo las páginas apasionadas y severas, profundas y caústicas a la vez, en las cuales Platón nos describe la decadencia de la democracia ateniense, deslizándose por la anarquía y la demagogia hacia la dictadura y el despotismo, el lector moderno no puede dejar de decirse: *De nobis fabula narratur* [De eso nos habla la fábula].
>
> Por lo tanto hay un mal que puede entrañar la ciudad democrática, no solo hacia una degradación relativa, sino hacia una pendiente fatal, que es aquel de la demagogia, de la instilación no del error y la mentira, sino de "la discordia, el miedo y el odio".

Citamos el final del libro de 1945, porque él es válido también para hoy:

> Pongan atención: no dejen el desprecio por la ley propagarse y establecerse en el seno (del Estado). El menosprecio de la ley es el veneno que disuelve la ciudad: el menosprecio de la ley conduce a la anarquía y esta conduce en línea recta a la tiranía.
>
> Pongan atención: no confundan al hombre de Estado y al demagogo, aquel que los esclarece y aquél que los halaga. Desconfíen del último: no es para vuestro bien, es para su propio bien que él trabaja.
>
> En la crisis que sacude al mundo, el mensaje de Platón está lleno de enseñanzas para meditar (p. 159).

El cinismo contemporáneo

Hay un peligro mortal para la democracia. Y no es por el error ni por la mentira, en tanto tales, en nombre de los cuales no se trata de restablecer la verdad por medio de la tiranía. Por el contrario, solo la sociedad del diálogo y de la libre discusión es la condición de verdad, incluso en las ciencias, y no es por nada que Platón hace de los *Dialogues* socráticos, con su ironía y su libertad crítica, el principio mismo de la búsqueda de verdad, pero también de la libertad y de la justicia. El peligro mortal de la democracia, no es la crítica de las instituciones democráticas y de su disfuncionalidad, cuando ella está probada, y de todas formas, él jamás sería perfecto (repetimos). No, el peligro mortal de la democracia reside en otra parte, reside en eso que puede arruinar su principio mismo, el "menosprecio de las leyes" o eso que podemos llamar la "sospecha" lanzada sobre las instituciones, y, más aún, en esa desconfianza y en esa sospecha cuando ellas son agitadas, fomentadas y agravadas por los hombres públicos o incluso por hombres políticos. Como si efectivamente hubiera una tiranía en nombre de la verdad y una tiranía en nombre de la falta de confianza en la verdad, y en la ley. Y entonces, los actores y los autores son muy precisos, son los demagogos o aquellos que aquí llamaremos los "cínicos". Por lo tanto son ellos nuestro problema hoy, los que tratan de encender, y generalmente tienen éxito al avivar la fiebre siempre latente de la demagogia, ese riesgo de tiranía intrínseco de la democracia.

¿Por qué nosotros los llamamos "cínicos"?

¿No es profundamente injusto, no ciertamente viéndolos a ellos (esto parece más un reproche moderado), sino a la vista de los primeros "cínicos", de los filósofos griegos que se dieron ese nombre porque ellos vivían como "perros" en las plazas públicas, tal como Diógenes en su tonel? ¿Pero las intenciones de Diógenes, no eran ellas muy diferentes, e incluso opuestas a aquellas de nuestros cínicos? ¿Y qué derecho tenemos de comparar los siniestros cómicos del movimiento 5 *Stelle* en Italia o el nuevo presidente de los Estados Unidos con el pobre Diógenes? No hay mérito en eso.

Y sin embargo hay un punto en común, con una oposición radical. El punto en común, es el uso radical de la transgresión en el espacio público. ¡Pero los objetivos son absolutamente opuestos! Diógenes vive como un perro o como un "cochino en la ciudad ateniense, precisamente porque ella no soporta ni respeta la verdad. Se trata entonces de manifestar en acto eso que Foucault, comentando en particular el antiguo cinismo, llamaba justamente "el coraje de la verdad": frente a instituciones injustas y por medio de la burla, hace aparecer esta injusticia, más que por el diálogo que por otra parte había llevado a Sócrates a la muerte. Diógenes vive como un "perro", justamente porque él "busca a un hombre" y solo encuentra sirvientes. Él viene a socavar el espacio público que ya no es más uno, pero para reconstituirlo, poniéndose el mismo en entredicho, tomado un riesgo vital (tanto como Sócrates, por otra parte).

¿Por el contrario, que hacen "nuestros" cínicos? Ellos hacen exactamente eso que Koyré describía bajo el nombre de "demagogia". Instilan, en la democracia misma (por otra parte no tienen el derecho de hacerlo de esta forma abierta y pública), la desconfianza en la ley y en las instituciones que permiten y protegen la crítica (la que efectivamente es necesaria), precisamente *transgrediéndola*, y no solo transgrediéndola sino *acusándola* de ocultar intenciones malintencionadas, por parte de aquellos que serían los "enemigos" del pueblo y del cual ellos serían los únicos defensores. Y esto no es a costo de su vida, sino para conquistar el poder y la gloria.

De esa forma podríamos oponer dos cinismos, y además también dos "populismos", sin olvidar también, porque es un arma que les es común, dos tipos de humor o de ironía –o aún más, por un lado la ironía, que es profundamente democrática y por otro la burla, que es intrínsecamente demagógica.

Mientras que el primer cinismo, aquel de Diógenes, transgrede las leyes de la tiranía a riesgo de su vida para defender la verdad y la crítica, el cinismo contemporáneo transgrede las leyes de la democracia y esto en un espacio público, para atraer los sufragios (electorales u otros), impidiendo la discusión y la crítica, que ciertamente no son menos necesarias en democracia. Por lo tanto, como puede haber (como lo ha mostrado claramente el filósofo Ernesto Laclau) un sentido democrático y crítico del "populismo", cuando se trata de denunciar la apropiación de la democracia por una oligarquía o una "elite", sin buscar con seguridad reconducirla y seguramente sin sacralizar al "pueblo" contra esta "elite" en su propio beneficio, nuestros cínicos contemporáneos hacen exactamente lo contrario.

Encontraremos más lejos por otra parte, esta figura generalmente vaga del "populismo". Ella designa, especialmente frente a nuestros ojos, en su versión más negativa, la idealización sin división ni crítica interna del "pueblo", en nombre del cual podríamos y deberíamos autorizar *todo*.

Y, para esto es necesario un enemigo, esas "elites" o esos "extranjeros" contra los cuales todo está permitido. De esa manera, incluso antes de idealizar al "pueblo" frente a esos enemigos, debemos ubicar esta relación en tres términos: el pueblo, los enemigos (incluyendo las instituciones y sus principios) y seguramente aquel que denuncia a los segundos en beneficio del primero, el demagogo. Finalmente, y esto no es menos, opondremos dos tipos de humor. Aquel que se burla de los defectos de los otros y de sí mismo para crear un espacio común, aún cuando su crítica puede llegar demasiado lejos, y debe entonces ser sometido a la ley. Y aquel que se burla de los otros y de la ley, pero jamás de sí, lo que es una de las más graves patologías de la ambivalencia humana. Porque ella reemplaza al humor o la ironía que es la vida misma de la ambivalencia y de la coexistencia asumida y superada y, por decirlo así, el "espíritu" de la democracia, por la burla que está fundada en el rechazo de la ambivalencia y de la coexistencia y que es el veneno de la democracia.

Tales son los desafíos. ¿Pero quién es el que los ha llevado hoy a tal incandescencia? No intentaremos ninguna historia, ninguna génesis, no tenemos los medios y este tampoco es el lugar. Pero solo mostraremos, más allá de los estudios de televisión, el efecto bien preciso de entrada que puede tener de manera decisiva hoy un nuevo espacio público democrático en apariencia y de nivel mundial que es Internet.

Internet: la red contra el entorno

Hablamos, con justa razón, de la extensión de las "teorías del complot". Es necesario estudiar de cerca las nuevas prácticas de la sospecha.

Ahora bien, del mismo modo en que podemos ver la propaganda del Estado al servicio de un dogma o de una mentira, como en los regímenes totalitarios, un salto cualitativo en la destrucción de la libertad de opinión y de discusión, que seguramente nos hace salir de la democracia (Koyré lo estudió de cerca en su libro de 1934), del mismo modo debemos verlo en la difusión de las teorías del complot, pero también en las prácticas de la sospecha, en un nuevo espacio público, mundial y en apariencia democrático, un salto cualitativo que cambia la naturaleza de las cosas y que no hemos terminado de meditar.

No es un grado más en el mismo fenómeno, es un salto cualitativo sin dudas en la misma patología pero que conoce, con ese salto, un pico o una crisis aguda. Señalaremos solo dos puntos, en eso que no es más que un diagnóstico general, que convoca una vez más a una búsqueda detallada.

El primer punto concierne, sin patos excesivo, a eso que deberíamos ver como un umbral o un salto antropológico, de doble filo. Es que el *marco* del discurso público y de la comunicación parece haber *cambiado de naturaleza*, se ha ampliado si queremos, pero al punto de cambiar de naturaleza y no solo de nivel. *No es más un marco público e institucional*. Al menos en apariencia, seguramente; y en democracia en todo caso, lo que por otra parte es una terrible realidad, los Estados totalitarios, de China a Rusia u otros, tienen los medios para censurar e incluso "cerrar" Internet. De esa forma la tiranía sabe encontrar los medios de resistir a eso que sigue siendo un útil masivo de democratización. Pero es justamente esta ausencia del encuadre público el que también empuja a las democracias a tratar de "regular" los sitios de Internet y de aplicar las reglas sobre la libertad de opinión, en particular de limitar sobre Internet y las redes la "incitación al odio", que define el Código penal y que muestran los límites en las "opiniones" que son actos y no solamente ideas.

Como decía Sartre, convocamos a la exterminación, y llamamos a esto una "opinión", y esto nos deja pensativos. Las leyes de un Estado democrático pueden aplicarse sin dudas sobre Internet y sobre las redes, y esto es fundamental, pero el mismo *entorno* mundial no es un marco público e institucional. Por lo tanto, eso que llamamos *mundialización* es a la vez y al mismo tiempo el surgimiento y el descalabro del entorno mundial o global de la acción humana. Desde el mismo momento en que somos afectados por ataques terroristas o un cambio climático o una economía que concierne al mundo entero, del mismo modo, seguramente, y de hecho *en principio*, sin ninguna duda, somos tomados por el marco general del discurso, un "entorno" o mucho más una "red" mundial, pero que *no es* un marco.

Es imposible subestimar la importancia de ese cambio que no concierne solo a la capacidad de conectarse por todos lados y en todos los terrenos, sino en esta capacidad abierta, sin marco y sin reparos. Y lo mismo sucede con la comunicación inter-individual, y las mensajerías que ignoran las instituciones, no solo por lo alto y lo global, sino por lo bajo y lo individual. Estos también son útiles posibles de resistencia, como de perversión y de fragilización. Pero esta misma ambivalencia, y esta es la novedad, *tampoco tiene marco.*

Entonces, es en ese marco, si podemos decirlo, que se desarrollan las nuevas prácticas de sospecha que podemos describir de una manera muy simple: *ellas toman sistemáticamente a las instituciones, describiéndolas justamente como un "sistema"*; es el sistema de la sospecha que se inventa para justificar el sistema del complot, o el complot del sistema. Solo tomaremos un ejemplo de esta intervención, sistemática además, de la *sospecha,* incluso sin evocar la generalización de ese fenómeno también viejo en la ambivalencia del discurso público: el rumor.

Es como si, una vez que una información era dada, el rumor, el contra-rumor, comenzaba a desplegarse. Los sitios de información, auto-bautizados sitios de "re-información" buscan también desestabilizar las instituciones, más cruciales que nunca en ese contexto de la "información". La práctica que muestra ese doblaje o esta duplicación del discurso por la sospecha sobre el discurso, es seguramente aquella de los "comentarios" (de aquellos que llamamos "trolls") sobre los sitios de información, por ejemplo sobre los sitios de los periódicos que son en esta mirada una institución intermediaria de una importancia crucial. La forma en que son tomados por objetivo, no deja sombra de dudas. Porque las cosas son simples: a cada artículo, cualquiera que sea el tema, son dirigidos comentarios que buscan agregar una dosis de sospecha, sea sobre el artículo y su autor, sea sobre el contenido y sus actores, relacionándolos a una "teoría" general, pero que busca probar que ella tiene por adversario a un "sistema" que lo toma por objetivo de manera sistemática. Los sitios de prensa también son una mezcla reveladora: los comentarios son admitidos, pero ellos son filtrados, porque no estamos *ni sobre un sitio oficial, ni sobre un sitio paralelo*. Los periodistas que hacen ese trabajo son los primeros consejeros de este nuevo riesgo democrático, de la diferencia entre la crítica y la sospecha, y de la invención de un marco parcial, en ausencia de un cuadro global, que es un estatuto mayor del nuevo riesgo democrático en general.

Debemos señalar nuevamente: como toda invención técnica, las redes tienen doble filo, ellas permiten un acceso enciclopédico y de nuevas Luces, y la resistencia democrática en la tiranía, en tanto que la nueva difusión de la mentira y especialmente de la sospecha y del cinismo, también se han generalizado. Ciertamente la cuestión no es la de una alternativa tiránica. Pero, ¿frente a este brote, cómo contener el riesgo que venimos de señalar, y esto de manera democrática? No daremos más que dos rápidas indicaciones sobre dos aspectos que nos parecen esenciales en esta mirada.

Las instituciones críticas

No debería sorprendernos de que existan en democracia instituciones que garanticen derechos pero que permitan también en los hechos y muy concretamente, la crítica del poder. ¿No está la democracia fundada sobre la separación de los poderes? Es bueno hablar de "sistema" en el cual todo se controla, la tendencia democrática, por el contrario, tiende a la separación cada vez más neta de las instituciones, precisamente contra el riesgo de la injerencia que define el abuso de poder de una institución sobre otra. Y son, por el contrario, las críticas del "sistema" las que generalmente quieren refundar un poder unitario sin separación y sin exterior, aquel de un "pueblo" cuyo único afuera (lo veremos más adelante) sería el objeto de una exclusión o una expulsión. En efecto, toda crítica de un "sistema" que designe en principio un lazo ilegítimo entre diferentes "esferas" del poder o "de la justicia" (como lo llama en un libro esencial el filósofo americano Michael Walzer) debería llevar a una *separación* de las instituciones y también a la puesta en acción de una institución específica dedicada a la "crítica" de las instituciones, y a veces, "en" las mismas instituciones. ¿Ustedes critican el "sistema"? ¿Pero qué instituciones críticas proponen y cómo garantizan su independencia? ¿Van más lejos en el sentido de la supuesta unidad y que nadie pueda criticar o, al contrario, en el sentido de la crítica y de las instituciones distintas e imparciales, respondan a la pasión de la justicia que ustedes tienen razón de invocar, pero que están equivocados en manipular, y que ustedes quieren engañar reforzando el abuso de poder que la provoca y la indigna? Tales son las preguntas que se plantean y que no hay que dudar en plantear a todos aquellos que critican el sistema cuando en realidad quieren crearlo (porque no existe en realidad ninguna democracia real) brevemente, a todos los cínicos.

Por lo tanto no hay nada paradojal en la institución de la crítica o en la existencia de las instituciones críticas, que contienen y garantizan una crítica, muy por el contrario, es la única respuesta a la sospecha, incluyendo los nuevos caminos que ella toma.

Numerosos ejemplos vienen a la mente, y debemos no solo evocarlos sino también reforzarlos. Los dos más tradicionales son sin duda la prensa (en otro tiempo llamado el cuarto poder por esta misma razón) y la enseñanza en todos los niveles (desde la formación inicial a la investigación, porque ellas dan los medios de construir y nutrir el espíritu crítico). Pero eso que en efecto se desarrolla en las democracias, incluyendo el seno de esas instituciones críticas que son la prensa (e incluso los "más grandes" periódicos) y la investigación (que incluye las ciencias llamadas exactas), es otro tipo de instituciones críticas, que no critican solo a las otras instituciones, sino que permite la crítica interna e independiente en el seno de las instituciones. De ese modo, los comités de expertos regulados por fuertes presiones, ligadas a posibles conflictos de intereses se desarrollan no solo para criticar las actividades de las instituciones políticas, sino en el seno mismo de las instituciones críticas que son la prensa y la investigación científica. Aquellos que critican el "sistema" ciertamente tratarán de jugar en todos los tableros. ¡Cuándo ellos critican la unidad del sistema y nosotros le mostramos por el contrario su separación en compartimentos cada vez más estancos, ellos van a criticar su complejidad y su burocracia! Pero se equivocan, porque lo propio de las instituciones críticas, en un régimen democrático, es justamente separar, distinguir, a veces redoblar el control de las reglas, que es esencia misma de la institución, y con todo permitir su funcionamiento al servicio de los ciudadanos y en una participación cada vez más activa.

Por lo tanto, la separación es esencial porque solo ella permitirá luchar contra la sospecha sistematizada o la sospecha y el cinismo sobre un supuesto "sistema". Cuando Philip Pettit, teórico de la República, integra las instituciones de la República, encargadas de luchar contra la dominación, eso que él llama el "sistema de la protesta", en particular la prensa y las asociaciones, no es para confundirlas con las instituciones políticas. Estas comprenden (volveremos sobre ello) la representación de la diversidad, la posibilidad de los procesos y apelaciones en justicia, hasta las Cortes Supremas de los diferentes Estados. Pero las instituciones de protesta deben estar separadas, precisamente para tener efecto, y no estar comprometidas en una eventual confusión. Es el principio también de la separación de los "expertos" y de los "poderes" económicos y políticos, en prevención de los "conflictos de interés", que juega un papel esencial en las instituciones críticas, encargadas de articular dos regímenes de verdad y de confianza, la ciencia y el derecho, ambos vitales para la confianza democrática y la democracia a secas, pero cuya mezcla volvería justamente a poner en peligro.

Pero con seguridad poner la crítica en acción, es decir ejercer la distinción entre los progresos y las regresiones, los límites y las fallas del marco institucional y de la misma democracia, de la cual el trabajo crítico forma parte. Instaurar la crítica no consiste solo en inscribirla en las instituciones, es también llevarla hasta el fin, haciéndola aparecer en cada campo de las injusticias que no harán desaparecer mágicamente las sospechas que se mantienen, pero que disolverán la acusación de "sistema", porque precisamente el objetivo de la crítica es distinguirse y oponerse. De esa manera, Judith Butler, definiendo la crítica, muestra con fuerza que esta no se refiere solo a un contenido, sino al "marco" de la política que puede ser en sí mismo injusto, y esta controversia no solo *en el* marco, sino también *del* mismo marco es esencial; ella no señala solo el marco formal y democrático como tal, sino el encuadre *particular, político* que siempre se ejerce sobre él. Por ejemplo, es un "marco" político el que decide "a qué vidas podemos o no podemos hacerles duelo", o de "cuáles vidas "cuentan" en tal o cual país. De esa forma, el marco democrático permite una crítica de los marcos políticos y esto en nombre de la democracia. Ese lazo fundamental entre la institución y la crítica" cada uno y cada una deben tomar conciencia aquí donde él o ella ejercen y trabajan, o viven y votan, porque es la misma vida democrática, y el primer remedio, por lo tanto institucional, contra la primera de las crisis actuales. La crítica y la teoría crítica, con las instituciones que la encuadran y las garantizan, no son accesorios o riesgos de la democracia, son el antídoto no solo contra la tiranía, sino contra la sospecha y el complot. Pero ellas deben ser completadas, como todo tratamiento institucional crónico, por un regreso efectivo, en ese marco, a una vida democrática eficaz.

Las relaciones de confianza

Cuando la crisis estalla, y la sospecha se expande, el cuidado de las instituciones críticas deviene vital, y aquellos que las defienden, los "intelectuales" por ejemplo (o en principio), pero también los ciudadanos comunes que generalmente son críticos y cívicos a la vez, a veces se convierten en héroes. Es sobre ellos entonces que descansan las instituciones y la confianza. Pero ese rostro heroico puede ocultar también el hecho de que, cuando la crisis no se expande, y la sospecha y el complot generalmente bien reales, de aquellos que claman al complot, en los tiempos comunes, en los tiempos del riesgo crónico y no del pico crítico, él no se apoya menos sobre las relaciones de confianza, en los actos o en las palabras intercambiadas entre los seres humanos. En las relaciones más simples y más íntimas, que son la fuente de la confianza en la vida (en el doble sentido de esta expresión), pero también en las relaciones que hacen vivir a las instituciones en su interior, relaciones de un jefe o de un profesor, de un médico o un colega, a través de las cuales se construyen los antídotos al veneno de la sospecha y de la duda.

Para esos dos aspectos, o esos dos rostros de la confianza, tomaremos aquí un solo y mismo ejemplo. Sócrates.

Cuando Sócrates es acusado y luego condenado a muerte en la democracia ateniense, por el hecho de "corromper a la juventud", acusación que escuchamos aún hoy contra algunos intelectuales críticos (y cómo podríamos creer que esto sea posible, pero Platón nos había prevenido), él no puede defenderse más que llegando a los dos extremos que le permiten responder dos veces en el acto y ridiculizar dos veces, esto con el costo de su muerte, a sus acusadores. ¿Cuál es la primera respuesta? Ella consiste en el respeto estricto de las instituciones. En principio, presentándose al proceso y respetando sus procedimientos. Es el marco de la *Apologie de Socrate*, ese inolvidable alegato democrático. Pero es también, y especialmente, el marco del *Critón*, menos conocido y no menos inolvidable. En el *Critón*, los amigos de Sócrates le procuran los medios para evadirse. Pero él lo rechaza, en nombre de la ley y del respeto a las leyes. Primera respuesta entonces: el respeto de las instituciones, a costo de su muerte. ¿Ustedes lo acusan de corrupción? Él es el ejemplo de incorruptibilidad. Pero esto es solo el primer aspecto de su respuesta radical, para tiempos de crisis. ¿Cuál es el segundo aspecto del remedio crítico? Justamente la actividad crítica. Pero ella no es para nada lo que dicen los acusadores de Sócrates. Porque ¿qué dice Sócrates, qué enseña él a sus alumnos que tiene tanto riesgo de "corromperlos"? nada. Ningún dogma, ninguna crítica del dogma. Nada más que una duda, pero sobre sí mismo. Al pedido del Oráculo de Delfos (Conócete a ti mismo) ¿qué responde Sócrates, qué descubre de sí mismo? Esto: "Yo sé que yo no sé nada". Descubre los límites de su saber y aquellos de su ignorancia. De ese modo Sócrates combina el máximo respeto por las instituciones con el mínimo (casi podríamos decir mínimo vital) de la crítica, que en principio ¡es una crítica de sí mismo y no de los otros! La inversa estricta de los "cínicos" contemporáneos, dignos herederos de los acusadores de Sócrates, que se burlan de los otros y jamás de sí mismos, y que saben asentar su poder sobre la transgresión de las reglas y por lo tanto de las instituciones que fundamentan la vida en común. De esta forma debemos oponer dos críticas, aquella del que duda de sí y respeta el marco de las instituciones, cuando se trata de la ley, aquella que transgrede el marco y se burla de los otros. Y es la primera la que libera y la segunda la que esclaviza.

Pero estos son, seguramente, los remedios de urgencia. Es necesario un ejemplo en una acción, y Sócrates lo paga con su vida. Es la ayuda o más aún, el último recurso. El crecimiento del cinismo siempre ve surgir esos testimonios "en acto" de eso que resiste. Pero defendamos las instituciones críticas y veremos también el otro rostro, ese que ellos aman, su actividad que no llamaremos "común", sino *viviente*, aquella que no solo resiste a la destrucción sino que permite la creación. Su docencia, aunque ellos no sean docentes, su "profesión" aunque ellos no sean profesores, pero es siempre sobre el modelo de la enseñanza, en las instituciones, que se piensa la relación viviente de transmisión entre los humanos.

¿Cuál es entonces esa otra faceta de su actividad viviente, ese remedio que permite volver a la vida, cuando la crisis es superada o cuando la amenaza de muerte se aleja?

Es la actividad viviente de Sócrates las que nos enseña. Porque él no solo construye la confianza sobre el ejemplo edificante y extremos de su sacrificio o sobre el precepto mínimo y en los hechos también máximo de su docta ignorancia ("yo sé que no sé nada") y de su crítica vital. Él construye de diálogo en diálogo una relación individual de confianza sobre un tema común, sobre una cuestión vital para todos los demás humanos, y en la que el interlocutor comprende que ella es esencial para él, en su propia vida, que el otro está en tren de transmitirle un verdadero *bien*, incluso a través de la prueba, a veces dolorosa de la duda y de la crítica, y de estrechar o reforzar su lazo con los otros humanos, a la ciudad y a la justicia. ¿Sobre qué se cimenta esta relación?

No es solo sobre la asimetría entre el alumno y el maestro, aún cuando ella existe en parte, sino que es también sobre el vínculo entre dos sujetos *que buscan,* en una búsqueda compartida, bajo una norma también común y vital como el objeto compartido lo es (ya sea el bienestar, el bien, y sobre ese modelo todos los otros saberes humanos), la verdad y el acuerdo mismo, buscado entre aquellos que discuten y que buscan y que se oponen. Todos los diálogos socráticos de Platón muestran hasta qué punto esta confianza es frágil, pero también vital. Ella es la verdadera respuesta a la sospecha y al complot, de tal modo que la sospecha es justamente esa duda que no lleva solo sobre el contenido del discurso, sino sobre la intención de aquel que lo enuncia, que "ve el mal" por todos lados. Por lo tanto, la prueba de la enseñanza (por ejemplo, es el caso también de otras relaciones fundamentales, de cuidados, de la seguridad, de la justicia, incluso del mismo trabajo), no es solo la verdad de su contenido, sino el bien que él procura, y la confianza en aquel que lo transmite, no solo por el marco que él respeta, sino por la búsqueda que él lleva y que comparte. De esa manera, deberíamos siempre no solo hacer vivir a las instituciones de enseñanza, sino construir en ellas las relaciones de confianza, que son la condición de la libertad. Con los decentes que son siempre también investigadores e iniciadores: poniendo en contacto aquellos que buscan y aquellos que aprenden, a veces podríamos creer en los dos extremos del espectro del saber (¿qué hay de común entre un doctorando y un iniciado, un premio Nobel y un niño?), pero que en realidad los hace juntarse porque ellos son los dos extremos del un mismo hilo sin el cual todo está perdido, incluso nuestra vida. Este gesto es por lo tanto absolutamente generalizable, y él es el otro antídoto (común, fuera de los tiempos de crisis) para la sospecha.

Cada uno ya lo sabe, y Winnicott lo demostró, que es la confianza en las relaciones íntimas la que permite luchar contra la sospecha generalizada. Resistiremos a las teorías del complot apoyándonos sobre la confianza que nos es dada por los otros en la vida cotidiana. Pero en necesario generalizar esas relaciones de confianza en todos los campos de la vida, apoyándola en los contenidos, los objetos y las pasiones compartidas y reales. Hacer cosas, como lo decimos también, hacer filosofía, o matemáticas o medicina, o carpintería, hacer cualquier cosa contra aquellos que desconfían y se deshacen de todo.

Otra lección se desprende también de nuestro uso de Sócrates contra los "cínicos" (¡aquellos de nuestro tiempo, una vez más, y no del suyo, que estuvieron entre sus más serios discípulos!). Es justamente este uso de Sócrates, esta "historia" que acabamos de contar. ¿Qué otra cosa es la cultura humana, incluyendo esta vez a los grandes relatos y las grandes obras, desde los textos religiosos hasta las películas y las canciones populares, pasando por las tragedias y las novelas antiguas y modernas? Es precisamente la expresión de los sufrimientos humanos, no por un análisis teórico, sino desde y por una experiencia individual, cuando ella es llevada al extremo. Aquí se detiene en principio, el sarcasmo de los burlones y de los cínicos. Aquí comienza el drama humano. Contemos entonces las historias de esos sufrimientos, accedamos a esos dramas que los expresan de la manera más pura y a veces más dura, pero que son la resistencia encarnada de aquellos que pretenden dudar de todo, pero que en realidad se burlan del mundo.

2

El racismo, su crisis actual y cómo afrontarla

El racismo no es solo una enfermedad de la representación política, es en principio una enfermedad de la representación en sí misma.

¿De sí misma, dirán ustedes? ¿No del "otro"? ¿El racismo no es, antes que nada y antes que todo el odio por el otro, su reducción necesariamente destructiva a una identidad y a una esencia radicalmente inferior o peligrosa, o enemiga? ¿No es esto en principio el racismo, con todos sus pretextos históricos del que se nutre fácilmente, como un ogro indiferente al aderezo de sus víctimas?

Sí, seguramente. Sin embargo, también es y tal vez lo sea en principio, una enfermedad de la representación en sí misma. Porque para representarse "al otro", algunos otros, de esta forma, es necesario también darse una representación de "uno mismo" (y de aquellos que forman parte, y que lo son por diferencia y exclusión de los otros). Una representación de uno mismo, con una identidad esencial (nunca diversa, transformada, histórica, activa, creativa incluso), tan absoluta y positiva en sí misma, que efectivamente puede ser concebida como superior, impermeable y forzosamente amenazada por "los otros", entonces encargados de llevar todos los signos contrarios –una identidad confortada en sí misma por el desprecio o el rechazo que ella consagra a los otros, la sumisión o la exterminación a los que ella los condena. Y el término "raza" es muy útil en este sentido, tiene su momento de utilidad y lleva en él todo esto. Tenemos razón en generalizar bajo el nombre de racismo a la naturaleza y la estructura de esta representación incluso más allá de los pretextos "biologizantes", de otros rasgos culturales, religiosos u otros, que pueden dar lugar a este recrudecimiento y a esta enfermedad, que, una vez más, no se lleva solo contra los otros, sino contra sí mismo.

El peligro del racismo, no concierne solamente a los otros, a aquellos que son el objeto o las víctimas, sino también a "sí mismo" o aquel que es el sujeto que también es alcanzado en profundidad. Porque, ¿en el fondo en qué consiste esa enfermedad, vista desde ese lado? No consiste solo en negarles a los otros toda complejidad, toda libertad, toda individualidad, toda ambivalencia, toda vida. Consiste también en negarse a uno mismo toda negatividad, todo problema, toda división interior, toda diversidad, toda capacidad a construirse, a parecerse, y finalmente, aquí también negarse toda libertad, toda creatividad y toda vida. Es la profunda negación de la ambivalencia interior de todos los seres, incluido el uno mismo. Sin duda es la enfermedad crónica más grave de todos los seres humanos. No obstante, la repetimos enseguida para prevenir cualquier malentendido, ella no solo impide reconocer los propios errores, ver su propia división, luchar contra su parte sombría, lo que ciertamente es esencial para la vida humana. Esta enfermedad, esa negación de la diversidad interior impide también ver sus más profundas capacidades, aquellas que consisten no solo en "ser" sino en avanzar, en crear, en manifestarse en el mundo no por una esencia congelada, sino por una constante invención. Ella impide a la vez la lucidez irónica sobre la propia diversidad interior, y esta invención de uno mismo y de los otros, que llega hasta olvidar, en su generosidad, todo eso que se opone, porque ella *en principio* consiste en luchar contra él.

Esta enfermedad de la imagen del yo, impide no solo la justicia, sino el bienestar. Que consiste en encontrar, habiendo admitido, conjurado y contenido su parte sombría, la parte luminosa y creativa de uno mismo, como delante de los paisajes naturales y culturales, de las obras a proteger, a discutir o a reinventar, pero de las que sabemos que la guerra, incluyendo la civil, intestina, incluso en nombre de su protección, puede devastarlas. Y la prueba desgraciada de que esta enfermedad puede afectar no solo a los otros sino a uno mismo, la prueba de la universalidad y una de las pruebas más profundas y más trágicas de la universalidad humana es justamente que esta enfermedad puede afectar a las mismas víctimas del racismo, cuando ellas lo ejercen a su turno contra los otros. Y no es solo por "imitación" que los pueblos víctimas de racismo a veces son culpables a su turno: es porque ese peligro acecha en cada uno, porque eso que él tiene de *más universal* y de común, es la división y el *desgarro* interior.

Pero si tal es el caso, podemos entender porqué la democracia puede ser el remedio, el único remedio, al racismo, porqué ella puede, a su turno y estructuralmente ser amenazada desde el interior, lejos de estar inmunizada de una vez por todas, desde que ella toma conciencia por y en las instituciones. Como lo hemos visto, en efecto, la democracia es en principio eso que se opone a las violencias interiores de una sociedad, de un grupo o de una "identidad". Ella no se paga con palabras. La violencia, o aún más, la violación pueden sobrevenir en las más íntimas de las relaciones o de los compartires. El hermano puede matar al hermano, y no hay sociedad, por más pura que ella sea, que no conozca conflictos, incluyendo la relación con uno mismo, en el seno de nuestro propio corazón. La democracia consistirá también en luchar contra la injusticia "social", que ciertamente no es una violencia menor que las otras ni tampoco una relación exterior que no afecte la interioridad, la individualidad, la imagen del yo y el bienestar humanos. Por lo tanto, la democracia es el régimen que acepta y que asume, por más difícil que esto sea a veces, luchar sobre *dos frentes*, llevar dos combates de la humanidad, en su conjunto y en cada uno de nosotros (de sostenernos en todo caso, y de lo cual tenemos necesidad, incluso si esto nos permite sostener la democracia, a su vez): los combates contra las violencias del afuera, pero también las violaciones *del interior*.

La democracia no es el remedio contra el racismo solo por su *apertura* radical y sus principios *universales,* aún cuando en principio este es el caso. Ella descansa sobre principios universales. Pero ellos surgen del interior de cada grupo humano sobre el fondo del rechazo de otra cosa, que no deja de volver para amenazarlos. La democracia es en principio un remedio para el racismo por otra cara y por otra fuerza. Lo es por su reconocimiento de la división interior, por su representación de la división interior, por su representación de la división interior y por su rechazo a negarla o a renegar de ella. Ella no se caracteriza solo por una apertura radical y universal, sobre todo si se sostiene por una proclama, sino en principio por el reconocimiento de un riesgo siempre presente, aquel del racismo en toda comunidad humana, capaz de nutrirse de todos los pretextos posibles que son al mismo tiempo combustibles para su incendio siempre listo a retomarse. La democracia está fundada sobre la *institución* de ese rechazo que solo puede tomar una forma, cualquiera sea la misma para su puesta en acción según los países: la *prohibición* del racismo, de sus prácticas y de sus efectos (de la discriminación a la exterminación y al crimen contra la humanidad), y esto por medio de la *ley*.

Sin embargo, y esto es esencial, la prohibición del racismo, de actos y de palabras racistas, que es fundamento mismo de la ley democrática como ley de la paz civil y humana, no es el único remedio que admite la democracia. Hay otros. Hay otros más negativos, pero que se abren sobre planos aparentemente diferentes a todos los otros horizontes (citamos nuevamente, a riesgo de sorprender, la abolición de la pena de muerte), y algunos que seguramente serán "positivos" o más creativos, sin mencionar en este caso los actos de apertura absoluta de hombres y mujeres que denuncian el racismo oponiéndose a él, con riesgo incluso de su propia vida y que siempre serán indispensables y estarán presentes para despertar en nosotros la "aspiración" moral-y social- que está en el corazón de la democracia. ¿Cuáles son entonces esos otros "remedios"?

El principio es muy simple y se inspira siempre en el doble tratamiento de las enfermedades crónicas que tienen valor, según nuestra opinión, en el campo médico propiamente dicho.

En principio, debemos insistir nuevamente, debemos luchar "contra el mal". Y por ese lado, no vamos a andarnos con remilgos. ¿"Cómo luchar contra el racismo"?, nos preguntamos a veces con melancolía frente a su "regreso" o su recrudecimiento. Y bien, la respuesta se impone: lucharemos contra el racismo luchando *contra el racismo,* no tolerándolo, definiendo sus signos y sus actos, desde el más suave en apariencia, hasta el más grave en la realidad, sin confusión entre ellos en los hechos ni en el derecho, pero sabiendo que los hechos y los derechos no son lo suficientemente bien sabidos por todos, los signos más suaves conducen a los crímenes más graves, y ya son infinitamente graves. No solo un insulto dirigido a un niño o una niña puede conducir a un genocidio: pero él marcará de por vida su imaginario, su propia imagen y la del mundo, y su historia; por lo tanto destruye de manera irreversible y mortal algo de vital – mientras que el despreocupado ofensor ya pasó a otra cosa, incluso a veces sin darse cuenta. Por lo tanto, no hay aquí pregunta que hacerse; y el psicoanálisis ha tenido razón sobre este punto desde el principio – ¡él a quien muchas veces acusamos de tanto laxismo!- sosteniendo que el principal remedio es la prohibición y la ley. No luchamos contra el racismo y todos los umbrales críticos de la vida humana más que luchando contra ellos, y por lo tanto, en principio, señalándolos en todo momento (*los actos*, no las personas, evidentemente, porque ellas por definición no saben limitarse, y esa es otra faceta que hay que dejar libre) con un signo claro y con una marca roja. Aquella de la prohibición. Ese "tratamiento" negativo puede tomar diversas formas según los contextos y no es nuestro propósito insistir en el detalle. Pero se debe recordar el principio.

Sin embargo lo esencial, seguramente, es tratar de traspasar ese tratamiento negativo a *otra faceta, positiva y creativa, del "cuidado" de las enfermedades crónicas*, entenderlas bien y precisarlas, para no engañarse con su fin, lo que es generalmente el caso en nuestras democracias. Porque esta otra faceta del cuidado no consiste en el golpe o la prohibición, ni tampoco en su reverso aparente que la proclama de la apertura y de los principios, o la promesa de un futuro donde lo universal será realizado para todos. Ella consiste por el contrario, en el regreso implícito y activo a la vida y a una acción común, en el mismo olvido (una vez realizado el tratamiento) de eso contra quien además, continuamos luchando (porque, por otra parte, ¡esto no ha desaparecido!). Tal es la paradoja más profunda de las enfermedades crónicas y sin dudas el racismo es la peor en el plano político, aquella "con" la cual, y también "contra" y a "pesar" de la cual, es lo más difícil de "aprender" a vivir.

Debemos luchar de manera permanente contra ellas, sin creer que pueden disiparse enteramente, y, al mismo tiempo no meter toda nuestra fuerza bajo el signo de esta lucha, sino en vista de otra cosa y de la vida, sin estar obsesionado y atormentado, pero teniendo presente que el tratamiento mismo puede fracasar. Esto es verdad también en el tratamiento de las enfermedades crónicas en general. Debemos luchas contra ellas, sabiendo que amenazan siempre, y que cada vez es un llamado doloroso, no solo por su contenido sino por su regreso. Nosotros desfilábamos en 1981, apenas adolescentes, después de un atentado diciendo: "Nunca más esto" y a partir de entonces ¿cuál no sería nuestra desilusión frente al retorno de los racismos y de más de una forma? Tal es el dolor de lo crónico. Pero por otro lado, como también lo mostramos, no se lucha jamás contra lo crónico por medio de un tratamiento repetido, sino también por un regreso a la vida y un revivir que no es plenamente el mismo sino olvidamos el mal al que hemos tenido éxito en contener y nos consagramos enteramente y felizmente a las tareas que la enfermedad ha tratado justamente de limitar o impedir, más allá de sus propios síntomas. Un retorno a la vida, que no puede consistir simplemente en "llamados" que corren el riesgo de devenir en fórmulas, aún cuando es indispensable en respuesta al regreso de las violaciones, pero también en un regreso *al yo*.

El paciente con enfermedad crónica en general no está plenamente curado más que sí, más allá de los tratamientos que detienen el mal, él encuentra un acceso a las actividades que son para él, como para cada uno, las razones de vivir o el sentido de la vida y que por otra parte, *por añadidura*, serán las relaciones y las aperturas a los otros y al mundo. ¿Cuáles serán esas actividades en el caso preciso y político que nos concierne? Nos planteamos que será necesario no solo luchar negativamente contra el racismo, sino despertar y renovar las tradiciones vivas y libres, de los tiempos y los espacios comunes, de las aventuras colectivas que benefician a todos y por lo tanto al yo, no solo por sus resultados sino por el hecho mismo de participar y de actuar, viendo de ese modo transformarse el marco y el contenido de su vida, más allá de la lucha a retomar, cada día, contra eso que viene siempre a amenazarla desde el interior.

Debemos entonces volver sobre las razones del pico actual de ese "mal" que están ligadas a la guerra y al terrorismo, y sobre las formas de afrontarlos, no solo negativamente, sino también positivamente en la recuperación de una historia.

Terrorismo y racismo

El terrorismo tiene en sí mismo, podríamos decir, e independientemente de la ideología que lo anime, un parentesco con el racismo y que explica el porqué de un recrudecimiento de uno se nutre, hoy, de la del otro. Ese punto común es la esencialización del enemigo, que hace que busquemos en él, no actos cometidos por individuos en el seno de una sociedad, sino una identidad que supone confundir a todos los individuos de una misma comunidad. El enemigo no es aquel que hace esto o aquello, sino todos aquellos que "son" esto o aquello. El terror concierne al ser y no al acto, es por eso que él estremece al ser y no solo la acción.

Pero cuanto más es el caso cuando el terror y el terrorismo, ya reductores en sí mismos, son acompañados por un discurso que busca justificarlos haciendo de esta esencialización no un medio (como en algunas guerras, y esto no justifica nada), sino un *fin*, ¿el *objetivo* es entonces separar, excluir o exterminar un grupo por otro? ¿Por qué él parece reivindicar y agravar el exterior, o lo "extranjero", por un discurso que construye o reconstruye esta distinción o esta diferencia? De ese modo, el terrorismo también viene a levantar, en el grupo que él busca, la tendencia que ese grupo ya tiene y el riesgo que está en él de considerarse como un grupo idéntico o identitario, un block homogéneo y sin diferencia. El terrorismo despierta e intensifica en su adversario esta tendencia que consiste en negar en sí mismo toda diversidad interna con su parte de discusión y de disputa, de conflicto y de violencia, pero también de creación y de invención. Porque, es necesario señalar, que el racismo no solo niega lo universal, sino también lo individual. Porque él niega, deniega y reniega del hecho de que cada uno y cada una de nosotras pueda ser esto o aquello, de aquí o de allá, de tal o cual religión o comunidad, pero de manera diferente y, como lo dijimos, cada uno y cada una con su *historia*. Además puede ser que una de las dimensiones psíquicas de ese "pasaje al acto" terrorista sea esta patología de la individuación misma, el tambalear de esta capacidad de construir una historia individual, que permite "ser" no solo esto o aquello, sino *uno mismo*.

Pero, sea lo que sea, no debemos subestimar el efecto clandestinamente violento de los actos terroristas, que consiste en el despertar de esta patología de la identidad. Ello puede no verse de manera inmediata, pero tendrá sus efectos. Y ella despertará una "guerra" que tendrá también por objetivo la eliminación del enemigo, una guerra "existencial", de la cual podemos asombrarnos que algunos teóricos hagan la definición misma de lo "político", porque por el contrario, esto aplasta toda relación con las divisiones interiores que definen lo político –una guerra que sería lo contrario de lo político, una guerra *contra* la política, pero que es seguramente un peligro íntimo y crónico en toda sociedad política. Es lo que sucede hoy en día, y es real que la llama del racismo, incluso cuando ella toca y despierta todos los racismos, se nutre prioritariamente de esos actos terroristas que buscan levantar en las sociedades democráticas eso que las contradice desde el interior, en tanto que sociedades democráticas. Por lo tanto es real que debemos luchar contra el terrorismo, evitando todo aquello que despierte al racismo. Porque ese sería en caso en el que bien podríamos decir que perderemos "en nombre de la vida, las razones de vivir". Y es eso a lo que debemos volver.

Pero antes recordaremos un último punto, concerniente a esta solidaridad entre racismo y terrorismo. Es seguro que todo racismo es en sí mismo y de manera general análogo a un terrorismo. Él da vida en aquellos que designa como las víctimas a excluir, explotar o exterminar, el mismo tipo de terror que el acto terrorista, que consiste en no apuntar a los individuos distinguidos por los actos, sino a las comunidades identificadas *en* y *por* esa esencia. Ese fue el caso de la esclavitud fundada sobre rasgos supuestamente raciales, que permanecen en el corazón de la historia del mundo moderno hasta en los países más "democráticos". Y una vez más el racismo reduce la grupo mismo y a cada individuo en el grupo a verse como un grupo cerrado y amenazado. El racista es un obseso. Tal como lo dice Sartre en *L'Être et le néant*, después de haber demostrado de manera genial que el odio, como el amor, busca en vano aprovechar y reducir la libertad del otro y negar su propia libertad: "El odio también es un fracaso".

Y no lo es menos la violencia exterior extrema, bajo la forma de terrorismo, la que despierta hoy el espectro del racismo, de todos los racismos, como si se nutrieran mutuamente y es por ello que, *para luchar* contra el terrorismo, no solo es conveniente utilizar los medios que no despierten el racismo, sino retomar la lucha contra todos los racismos.

Cómo luchar

De lo que precede surge un principio simple y fundamental, que es toda la singularidad de la democracia, su dificultad también, porque es en realidad el secreto de su fuerza y no solo negativa (contra eso que la amenaza), sino también positiva (para nuestro bienestar).

Ese principio fundamental y simple que se desprende de eso es algo que podríamos enunciar de esta forma: *es importante luchar contra el riesgo del terrorismo* (que es idéntico al del racismo) *sin reproducirlo.* Porque eso que es común al terrorismo (de manera excepcional en apariencia) y al racismo (de manera crónica), es "la esencialización" de los otros y de uno mismo (de uno por los otros y también de los otros por uno), podríamos enunciar ese principio de la siguiente forma: es importante, vitalmente, luchar contra la esencialización, sin reproducirla.

Pero si bien ese principio es fácil de enunciar y puede producir cuando lo enunciamos un efecto sorprendente de evidencia moral, está muy lejos de simple de poner en práctica y es conveniente asumir esta dificultad que no es una debilidad, sino mucho más una fuerza, y la condición de todo lo demás.

Podríamos formular el primer grado al menos de esta dificultad (porque también hay otros), de manera de resumir la paradoja de la democracia, y que da lugar, ya en "nuestras" democracias a importantes controversias. Se formularía de esta forma: *¡no es posible para una democracia luchar contra el terrorismo sin hacer autocrítica al mismo tiempo!* Y entendemos en principio por "autocriticarse" el "limitarse" (es el primer sentido de la palabra "autocrítica"), pero también criticarse en el sentido de sancionarse a sí misma, cuando se comenten actos que franquean esos límites.

Podemos entender la paradoja que esto significa y las controversias que suscita. ¿No es esto en principio cortarse las alas? ¿Prohibirse a sí misma luchar contra la radicalidad o frente a los extremismos del terrorismo? Debemos señalar en principio, que puede haber excepciones, como en la vida individual, que se puede transgredir la prohibición de matar en el caso muy circunscripto (y siendo objeto luego de un juicio muy riguroso de responsabilidad) de la "legítima defensa". O bajo el signo del estado de excepción, pero pensado e instituido como una excepción. La limitación estricta de ese estado de excepción, contra toda tendencia de verlo como el regreso de la guerra a la política, es además el centro de la respuesta democrática al terrorismo y a la tiranía al mismo tiempo.

Pero la principal objeción no es la de la eficacia. Ella sería, en cambio, más la de la contradicción o el riesgo de contradicción. Porque lo propio de la democracia, eso que hace a su grandeza moral y a su necesidad vital, consiste siempre, como ya lo dijimos, en luchar *sobre dos frentes*: sobre el frente del afuera, pero también en el adentro, y por lo tanto contra sus propios riesgos, por ejemplo del racismo. Pero digamos, ¿ciertamente esto de criticarse todo el tiempo, de manera crónica, no termina esencializando, y no bajo el signo del bien sino, por decirlo de alguna manera, bajo el signo del mal y de lo negativo? ¡A fuerza de criticarse como "identidad" positiva, no terminaría en caricaturarse también como identidad, pero negativa? (¿Como si quisiéramos reducir a Francia al riesgo del racismo o al racismo, hoy o en su historia, y hacer, por ejemplo de "Vichy", como algunos están peligrosamente tentados de hacer una definición "trascendental" de Francia?). Respondemos a esta lógica y simplemente: si se trata de luchar contra una esencialización, no es para producir otra, y no más una identidad culpable que una identidad perfecta. Se trata, por el contrario, de pensar y producir una "identidad" o más fuertemente aún una "unidad" de otro género, una unidad, o si se quiere una identidad "superior" en el sentido en que ella se apoya sobre actos (de superación, de agrupamiento, de la paz civil) y no por una esencia aplastante o negadora de los actos.

Es esta unidad, histórica y política, cívica y civil, nacional y moral, que es legítimo defender (sin contradecirla) cuando se encuentra amenazada. Por lo tanto no debemos temer que ella sea fragilizada cuando luchamos contra la esencialización que la amenaza del interior. Ciertamente no es más que primera etapa negativa del tratamiento, y deberemos luego hacer que esta identidad superior y común se ejerza activa y positivamente. Pero esta primera etapa defensiva, que consiste en luchar contra el racismo y el terrorismo, sin reproducirlo, no es menos necesaria y vital.

¿En qué consiste ella entonces?

Instituir lo radical

Lo sabemos o lo suponemos también y podemos decirlo en una palabra: esta respuesta consiste en una *institución*, y en una institución que no considera, en el caso preciso que estudiamos aquí, en fijar o en congelar las identidades o las "esencias", sino mucho más en reconocer y definir, en castigar y en prohibir *ciertos* actos, actos que tenemos razón en pensar como *radicales* y que llaman efectivamente a ser instituidos *como tales*.

Porque seguramente no podemos negar el carácter extremos de algunos actos destructivos, de ciertas violencias exteriores y de algunas violaciones interiores, y la necesidad de los seres humanos, no solo de impedirlas, sino de reconocerlas, definirlas y marcarlas en el derecho, en la historia, incluso en la cultura de los hombres. He aquí por lo tanto el rol de la institución, seguramente uno de los más cruciales en toda sociedad, aquella que nosotros llamamos la institución de lo radical. Por esto entendemos: la institución o el sistema de instituciones que determina en la sociedad humana el lugar de los actos que amenazan con destruirla, o habiéndolo efectivamente hecho en un momento dado. Es la cima de las instituciones humanas abrazarlas *en ellas*, y no expulsarlas fuera, eso que daña toda institución y toda humanidad.

Pero esas instituciones tienen su riesgo más íntimo que consiste en la tentación de lo que venimos diciendo precedentemente, la tentación de la "esencialización" de lo radical, que consiste en la tentación de confundir el acto con la persona, incluso el grupo, como si estuviéramos presos en una alternativa temible, peligrosa, destructiva. Como si no hubiera elección entre la negación del acto y su transferencia a una identidad. Como si no pudiéramos dominar el acto en sí mismo, sin minimizarlo, pero sin esencializarlo. Como si tuviéramos de un lado a los "racistas" o al menos los esencialistas (aquellos que confunden el acto y la persona o incluso el grupo), y por el otro los "idealistas" o los angelicales, que negarán no solo la "identidad" criminal, sino el crimen o el acto en sí mismo. Ahora bien, reconocer la ambivalencia humana, y especialmente la violencia interior, es reconocer a la vez la realidad y la radicalidad destructiva de algunos actos, sin identificarlos con la esencia de una persona o de un grupo. Pero "reconocer" no es suficiente y ese término, por más profundo que sea, puede dar lugar a malentendidos, que pueden conducir a eso que nosotros llamamos "esencialización", que no hace otra cosa que redoblar el mal. ¿Esto podría dar lugar no a eso que llamamos "arrepentimiento", sino a lo que algunos cínicos perversa y hábilmente llaman "remordimientos". El reconocimiento real no tiene nada que ver con esto, pero entendemos el origen de la confusión (o de la manipulación), es que el reconocimiento parece dar lugar a un juego de espejos infinito y negativo, yo reconozco el acto y el error, y además parece no tener fin. Sin embargo, no es de esto de lo que se trata, sino por el contrario de una institución, que tiene por principio algo de *definitivo*, que no *borra* el mal o el error (solo tendría la facultad de poner al acto en el fondo místico y no institucional del "perdón"), que no lo reenvía de uno a otro, sino que marca su carácter extremo, su responsabilidad y su pérdida precisas, su rechazo absoluto, y el carácter *constitutivo* de todo esto que se inscribe en el derecho para la sociedad entera.

Pero esta sociedad de lo radical es más fácil de definir que de poner en acción, y en la práctica ella camina sobre la cuerda floja que es todo límite radical. Y sin embargo no podemos evitarlo, y daremos dos ejemplos, del lado del mal sufrido, pero también del mal cometido por una sociedad política, porque es una necesidad vital y efectivamente dolorosa, de ambos lados de la acción.

Dos ejemplos recientes

Tomaremos solo dos ejemplos de esta institución de lo extremo y de su dificultad, no solo teórica sino vital, no solo jurídica, sino moral, que a hace a la vez tan dolorosa y tan liberadora, y cada uno de esos ejemplos en un debate que marcó y desgarró a la actualidad reciente en Francia.

En principio se trata del debate que ha marcado todo el año 2016 en Francia, sobre la "decadencia de la nacionalidad", no en el sentido general de este esfuerzo que existe efectivamente en la Constitución francesa, sino en el sentido en que ella podría constituir una respuesta sistemática a los atentados terroristas, al menos de aquellos que son cometidos en Francia por personas que disponen de una doble nacionalidad ¿Por qué plantea un problema esta propuesta, que sin embargo no puede ser evacuada hasta tanto no hayamos tomado en serio el acto extremo al que (como en el caso de la pena de muerte) es necesario también responder?

Podemos entenderlo ahora: se trata de responder a ciertos actos que de hecho apuntaron a un grupo determinado y que fueron en realidad "esencializados" como tales, en este caso en Francia, porque no importa qué miembro de su población o incluso no importa que sea de cualquiera que pase por su suelo, que es visto en esos actos, y además, incluso cuando se esencializa un pequeño grupo de ciudadanos de un estado como Francia, es atacada en su principio enteramente democrático que consiste en el rechazo de esta reducción: ya sea que se trate por lo tanto de un supermercado "casher" o de una Iglesia Normanda, o de un café o de una calle donde pasan todos los transeúntes y los paseantes del mundo, el principio es el mismo. Comprendemos entonces que podamos pensar en términos de "nación" y el surgimiento de una bandera por ejemplo, para manifestar eso que se vio, testimoniando, aún cuando forma parte de los debates que, en Francia acompañaron (obviamente de manera vitalmente crítica) los sucesos recientes.

Pero se trata de responder a esos actos sin esencializarlos, y la decadencia de la nacionalidad tendría entonces el riesgo del mismo extremo, de esencializar al autor del acto, en lugar, precisamente, de instituir al acto mismo como extremo. El signo es la molestia, incluso la imposibilidad de esta medida en el caso de un acto que surge del interior. Los terroristas (y a veces los más destructivos) surgen del interior de los grupos, como en Noruega, un francotirador rubio y frío, o en Israel, el asesino de Rabin que destruye las esperanzas de un país justo, etc. ¿Cómo responder entonces por una privación a aquellos que justamente surgen del interior y se identifican con la unidad del pueblo y del grupo, mientras que en realidad ellos los dividen más que nunca, y de manera tan formidable que la fractura puede parecer irreparable? La decadencia de nacionalidad lleva en sí misma, como la pena de muerte, el fantasma de una exclusión que restablece una pureza supuestamente considerada como la responsable de alejar la amenaza, como si ella fuera la esencia de aquel que excluimos, en tanto ella es el efecto de un acto que debemos designar como tal para marcar el peligro mortal para todos y evitarlo en el futuro.

Tal es por lo tanto el rol de la institución de lo extremo. No hay que indignarse de que una pena específica selle los crímenes extremos, tanto individuales como colectivos o incluso a escala de la humanidad y que llamamos con justa razón desde 1945 como "crímenes de lesa humanidad", pero la exclusión esencialista no debería ser la pena. Por lo tanto es necesario encontrar otras. La *imprescriptibilidad* de los crímenes de lesa humanidad es un modelo. Ella deroga el derecho habitual sin quitarle el campo del derecho, es decir del juicio sobre los actos y no sobre las personas o sobre su esencia. Ella es un modelo que deberíamos extender a todos los actos extremos, es decir aquellos que destruyen las relaciones vitales entre los humanos de manera irreversible. La perpetuidad sería otro ejemplo. Ella es cruel, ¿no es "peor que la muerte"? Pero justamente ella lo hace sin ceder al fantasma de la muerte. Aceptando la "co-habitación", a veces dolorosa entre las vidas, en el espacio de la Cité, e incluso a veces también en un espacio de libertad y de paz recuperado que tal vez sea doloroso (es por ejemplo el caso de Rwanda). La cuestión es en todo caso el de la confianza entre las instituciones y en su capacidad de responder a lo extremo, sin repetirlo.

Pero del mismo modo es en los actos soportados, y lo mismo en los actos *cometidos* y en ese caso la controversia no será menos intensa e incluso menos violenta al respecto.

Ese sería por ejemplo en Francia, la controversia sobre el "reconoci miento" (e incluso la cuestión de la reparación) de la participación en el genocidio nazi o en la esclavitud racial.

Aquí también la línea es delgada, la cuerda es tensa, entre el desafío y la supuesta esencialización, esos son aquellos que quieren negarlos, aquellos que esencializan a los otros que, justamente, ¡esgrimen el temor de ser esencializados! Pero aquí, como en los otros casos, hay un reconocimiento de los actos sin la confusión con una esencia, y la institución de los límites alcanzados por esos actos, dos veces liberadores, para aquellos que los sufrieron, pero también para los que los cometieron y que temen ser esencializados, por ejemplo como descendientes y que siendo también víctimas de sus verdugos, por el contrario se verán liberados. Debemos por lo tanto tener el coraje de la institución de lo extremo, hasta en la relación con el pasado, y hasta en los propios actos, y no solo frente a los actos sufridos por parte de los otros.

Es la condición para acceder a otra representación de uno mismo.

Lo encontramos en otro ejemplo reciente que nos hará pasar esta vez del tratamiento institucional de los actos extremos una vez cometidos, al remedio viviente y crónico que permita, no solamente conjurarlos sino devolverlos a la vida.

Un otro yo

Hemos desconfiado mucho sobre el sentido de la manifestación del 11 de enero del 2015 en París (después de los atentados del 7, 8 y 9 de enero de ese mismo año), y de sus más célebres slogans.

Por lo tanto, debemos volver, y no solo por este suceso sino por lo que él muestra de más general.

Hemos tomado por ejemplo el "Je suis Charlie", por una afirmación de identidad, como si se tratara nuevamente de reafirmar una "esencia".

Ahora bien, deberíamos estar bien seguros del sentido del verbo "ser", ya que además él no representa toda su densidad, muy por el contrario. Porque no se trata de pasar de un sentido del "yo soy" o del "nosotros somos", que sería esencializante, a una negación absoluta del yo, como para decir "yo soy otro" o yo no soy más que en relación a los otros, o incluso (eso sería ya mucho decir e irreal) "yo soy solo para y por los otros".

En realidad decir "Yo soy Charlie" (y tal vez esa sea la verdadera razón del éxito de ese slogan tan discutido) es decir algo absolutamente distinto, es una afirmación, pero de algo de "más" de parte de un "yo" que al mismo tiempo se afirma. No es solo un acto de simpatía o de empatía con tal o cual víctima, o tal o cual grupo de víctimas, o de "reconocimiento" por el trato esencializado por el cual los verdugos quisieron designarlos y alcanzarlos, al que ellos quisieron reducirlos, es decir alguna otra cosa y algo más. Es decir yo soy eso que soy, y *además* estoy relacionado a otra cosa, y *entre los dos* hay algo en común, algo de lo común y de lo universal. Porque ¿por qué diríamos nosotros "Je suis Charlie" si *nosotros no lo fuéramos* (o esto o aquello)? Pero nosotros no lo "somos". Es por lo tanto en los hechos, un *acto de lenguaje* en el sentido más estricto, que consiste en suspender eso que yo soy y eso que es el otro para construir una "identidad" común hecha de diferencias y de posibles conflictos pero limitados. Una "identidad" que es a la vez intrínsecamente "subjetiva", y política e histórica, y que construye a la vez una nación y un universal concreto y efectivo. Encontramos esta fórmula que nos parece definitiva en el texto del historiador Enzo Traverso: "La identidad es *subjetiva*"(subrayo) y agrega: "…y no puede inscribirse más que en un tejido social y culturalmente plural" (*Les Nouveaux Visages du fascisme, Textuel*, p. 74). El "nosotros" de pertenencia nacional, ciudadana y también universal, no es una abstracción vacía opuesta a una identidad esencializada, son relaciones que unen y oponen singularidades concretas, pero que marcan los límites y especialmente construyen lo común por medio de esas acciones que no son solo rechazos, sino también gestos y creaciones. Es una manera de decir: sí, hay ciudadanía, lo nacional y lo universal, el hombre y el ciudadano, pero no son palabras vacías, sino una serie de relaciones y de combates concretos, y todo el mundo puede estar concernido a su turno, como lo demuestran por otra parte, los actos terroristas que alcanzan siempre a lo universal de manera directa, y las particularidades que son los pilares secretos, invisibles y vivientes (una Iglesia, un credo, un oficio, una práctica, una sexualidad, etc.) Y el acto terrorista despierta siempre el riesgo de esencialización de los conflictos internos que cada uno siente que rompen el corazón de cada grupo y de cada sociedad, por lo tanto debemos oponernos por el acto común de afirmación que actúa de otra forma que siendo solo yo, hombre ciudadano e incluso esto, aquello y también otra cosa.

No es suficiente ciertamente por este "yo soy" que no tiene nada de mágico. Es necesario profundizar también eso que ha sido alcanzado y que no es una "esencia" pero que es algo más que nada, que forma parte de la historia individual y común. Cuando una sinagoga o una Iglesia es atacada y por ejemplo, un sacerdote asesinado, la repercusión no se detendrá después del evento, ella trabajará en profundidad con eso que se ha visto y el riesgo de esencialización del retorno lo mostrará siempre con fuerza y a veces con violencia. Por lo tanto, no es suficiente ese "yo soy" irónico y liberador. Es necesario también que en el interior de su libertad cada uno pueda decir seriamente y sin violencia "yo soy" o no esto o aquello. A condición de que esto no sea excluyente y esencializante, y que esas relaciones sean ejercidas más allá de las crisis comunes en todo juego común de la vida democrática, que permite relacionar todos los "Yo soy" siempre que haya violaciones entre los seres.

Hoy en día hay una batalla del "yo soy", ella atraviesa la filosofía, especialmente la francesa desde Descartes que la reservaría al pensamiento, hasta Sartre que, en continuidad con Descartes, la relacionaría con la libertad. En todos los casos, este ser que nosotros somos no es ni una esencia ni un puro "vacío", porque hasta Sartre sabía que la libertad que "no es" nada, debe construirse en el proyecto del ser y en el conflicto con los otros y con su propio deseo de ser y, a veces de vacío, de esencia o de destrucción, que por otra parte vuelven a lo mismo.

Pero lo que es cierto, es que la división obliga, no solo a luchar contra eso que la hace destructiva, sino a inventarse a sí mismo de otra forma.

Es eso que Claude Lefort, gran teórico de esta división democrática de la que todo nuestro trabajo retoma en un sentido la pregunta, llamaba la "invención democrática":

> Debemos aceptar pensar y actuar en los horizontes de un mundo donde se ofrece la posibilidad de un abandono de la atracción del Poder y de lo Uno, donde la crítica continua de la ilusión y de la invención política se hace a prueba de una indeterminación de lo social y de lo histórico. Política de los derechos del hombre, política democrática, dos maneras de responder a la misma exigencia: explotar los recursos de la libertad y de la creatividad de los cuales sacar una experiencia que acoja los efectos de la división (*L'Invention démocratique*, Le Livre de Poche, p. 86).

3

El ultra-liberalismo, su crisis actual y cómo afrontarlo

Es sorprendente constatar que, si debemos comenzar por tener un retorno a la evidencia y a la importancia de las relaciones entre los seres humanos, y al rol que juega la democracia, no podrá venir mas de eso que está agravando y empeora la crisis, eso que se llama la "mundialización".

Todo sucede, una vez más, como si asistiéramos al pico de una enfermedad social y política que es, además estructural y crónica, y como si ese pico (como hablamos de un pico "de polución") jugara el rol de revelador de esta enfermedad crónica y general de la democracia y de las relaciones entre los humanos. Porque justamente no se trata solo de una enfermedad de la "mundialización", como si fuera un fenómeno entre otros, sino de una enfermedad más general que hace también a la gravedad de la mundialización, pero donde nos olvidamos frecuentemente que ella puede ser afrontada por la democracia, es más, no puede ser enfrentada más que por la democracia.

Una vez más, un fenómeno contemporáneo de una amplitud inédita viene a despertar e intensificar un fenómeno estructural que parece no esperar más que a él para encenderse nuevamente. Esta conjunción de crisis aguda y riesgo estructural, de lo crítico y de lo crónico, de la amenaza permanente y de eso que viene a nutrirla de manera insólita, es lo que nos debemos una vez más intentar bosquejar aquí, sobre un caso ciertamente particular, pero cuya particularidad nos reenvía a la estructura más general de las relaciones humanas, así como los riesgos que la amenazan, y a la política que puede ser capaz de afrontar esos riesgos y devolver el sentido a nuestras vidas.

Pero ¿cuál es entonces la "enfermedad" a la que hacemos alusión, de la que nosotros sostenemos que también sufrimos, y a la que importa definir con precisión, como lo hemos tratado para las dos precedentes?

Esta enfermedad no es solo la polución, con seguridad, no el calentamiento climático, incluso si ellos son los signos o los efectos, reconocidos por la ciencia. Hay además, aquí como en los casos que evocamos antes, una negación del rol del conocimiento y de la ciencia. Esta enfermedad, es otra negación, que conduce a otros peligros, incluso si todos los peligros del momento (eso es lo que los define) son susceptibles de converger. Esta otra negación, entre las más peligrosas de la vida humana (y para la vida humana) es la negación de su rol y por decirlo de una manera más simple, es *la negación de la interdependencia* entre los seres humanos.

Sin embargo, los fenómenos vitales que evocamos, la polución del aire, del agua o de la tierra, ¿cómo podría no imponer de nuevo y vitalmente la evidencia de esta interdependencia? La evidencia de una solidaridad entre los seres humanos, ¿no estaría además, del lado de las soluciones de los mismos problemas que se trata de solucionar? La polución que golpea tal o cual lugar del planeta, hasta los más recónditos, y hasta el fondo de las aguas, como del cielo, o de la noche y de la claridad de las estrellas, esta polución que sienten los humanos, ¿no viene siempre de la acción de otros humanos? ¿No circula sobre toda la superficie de la tierra e incluso más allá, en profundidad y en altura, en todos los medios de los seres vivos? Ella impone la idea de una relación global entre los humanos u aún más allá. ¿Cómo podríamos remediarlo entonces, si no es por medio de una discusión, una acción, y una organización, entre el conjunto de los seres humanos, directamente y por sus representantes?

Todo esto es verdad, pero esto no impide en absoluto la negación de esta verdad o esta realidad, y más fundamentalmente de esta solidaridad de hecho, de esta interdependencia radical entre los seres humanos. No es solo la polución la que nos impide respirar, sino el rechazo de su reconocimiento. No es solo la acción humana sobre la Tierra, y sobre otros humanos, sino el rechazo de reconocerla y por lo tanto también de remediarla, lo que es la fuente de nuestros males. La negación de esta interdependencia humana, generalmente –frecuentemente junto a la sospecha de aquellos que la describen rechazando, relegado además al campo de los "enemigos", al desprecio de la discusión interior–, esa negación que se nutre de otras dos enfermedades contemporáneas de la democracia,

122

es lo que efectivamente es un peligro para el medio ambiente. Es contra él también, y tal vez *en principio* contra él que es conveniente luchar. En los problemas que llamamos "medioambientales" o "ecológicos" que se trata ante todo de una patología de las relaciones humanas, encuentra un nuevo terreno de aplicación y la ocasión de un nuevo pico, mortal en más de una forma, para la humanidad.

Ahora bien, esa negación de la interdependencia es seguramente un hecho crónico, extremadamente peligroso para la humanidad, y en particular un peligro crónico en las democracias. Entendemos la razón. Los seres humanos tienen necesidad unos de los otros, del nacimiento a la muerte, y en particular en todo eso que rodea el nacimiento y la muerte. "Nosotros nacemos débiles, tenemos necesidad de todo", señalaba ya Rousseau al inicio de *Émile*. Pero esta fragilidad es sobre todo una dependencia vital, en ciertos momentos al menos, de la mirada de los otros que vienen a socorrernos y a contenernos. Nosotros hemos tenido y tendremos necesidad de los otros, que como contraparte, cuando dejemos de ser más débiles y más capaces que ellos, tendrán necesidad de nosotros. Esta asimetría de la dependencia es de alguna manera "oscilante" en el seno de la humanidad, y aquí hay una igualdad y una justicia que no consiste solo en una vulnerabilidad universal, sino especialmente en un ciclo de la vulnerabilidad y de la competencia, de la debilidad y del poder, que pasan de unos a otros no solo por el juego de la ayuda mutua en un instante dado, sino también por el juego del pasaje de la posta en los instantes críticos de nuestras vidas.

Nosotros aseguramos, pero también tenemos necesidad de estar seguros y tenemos necesidad de asegurarnos. Somos sujetos, pero fuimos objetos y seremos siempre además, de un lado o del otro de esos dos lados de la relación que constituye "la humanidad" como especie y como sentimiento a la vez, lo que la perpetúa y la inspira, lo que la hace vivir y la hace sentir. Sin embargo, aquí también, y por su propio éxito, ¡la *interdependencia* se hace olvidar, negar, rechazar, en las vidas y las relaciones más individuales! La *ingratitud* es el fruto más caro y más envenenado de la vida humana. Ella solo es posible por el mismo éxito de la generosidad, a la cual ella da vuelta la espalda, como las hijas del *Père Goriot* que desprecian en su éxito mundano al pobre hombre al que ellas le deben, y que las ve alejarse de él. ¡"Ingratos" podríamos decir, si nos escucharan, a todos los egoístas del mundo! La ingratitud, enfermedad crónica del reconocimiento.

Es necesario volver entonces sobre este aspecto general de esta patología humana, sus efectos y especialmente sus remedios políticos y democráticos.

Pero antes de tratarlo de una manera general, es conveniente insistir también sobre el fenómeno que da una nueva intensidad a ese riesgo mayor para la humanidad, ¡mayor porque él bien puede causar simplemente la desaparición! Olvidar que tenemos necesidad los unos de los otros, es correr el riesgo de llevar al mundo a su perdición. ¿Pero por qué es tan grande ese riesgo, en el mismo momento en que deviene evidente? ¿Cuáles son los dos rostros de la mundialización, y cómo nos reenvían ellos en efecto, a la negación más general de la interdependencia en la vida humana, y a los recursos de la democracia para oponerse? Eso es lo que debemos tratar brevemente de entender ahora.

El doble rostro de la mundialización

Debemos insistir sobre el doble aspecto que toma de sorpresa en la mundialización, para cada ciudadano y cada ciudadana del mundo. Ella es el nombre, al mismo tiempo, de una evidencia y de una pregunta, de una pertenencia, pero también de una desposesión, con algo de radical en ambos casos o ambos aspectos.

Tenemos en principio esta evidencia de la que hablamos, esta evidencia que concierne, y no es un juego de palabras a la vida de "todo el mundo", es decir del planeta entero y de cada uno y cada una de los seres humanos que la pueblan y que la habitan. Es la evidencia de una solidaridad de destino o de los destinos. La Tierra no es tan grande como uno cree. Y además todo el mundo sabe, gracias a la misma red de comunicación que se empeña generalmente a negarlo, que todo el mundo está bajo control. Podemos negar todo, pero no la circulación de las nubes y de los virus, de los barcos y residuos en los océanos. También hay vueltas alrededor del mundo en solitario, pero, aquellos que son seguidos sobre todas las pantallas, se obstinan tanto sobre los deshechos plásticos como en los icebergs puestos en movimiento por el recalentamiento de los polos fríos del mundo. La interdependencia humana afecta por lo tanto la vida de cada una y cada uno, pasivamente y con estupefacción al comienzo, pero suscitando al mismo tiempo en cada una y cada uno el deseo de responder activamente y de salir de esta relación pasiva con la globalización del mundo. Esos publicitarios que agitan nuestro sentimiento de solidaridad interhumana, lo saben bien, agravando nuestro sentimiento de impotencia cuando nos invitan, a cada una y cada uno de nosotros a "salvar al planeta" (por ejemplo, reutilizando las toallas en nuestros cuartos de hotel).

Y sin embargo existe ese sentimiento de solidaridad e incluso de interdependencia.

Pero ¿qué es lo que viene a contrabalancear, alimentando un sentimiento no ya de pasividad sino también de impotencia, que es uno de los sentimientos más peligrosos del momento presente?

Ese sentimiento no surge solo de una dificultad, ni tampoco de una desproporción subjetiva, sino de una desposesión y una negación.

La impotencia se entiende, incluso vertiginosa, como un motivo de acción y en todo caso de comprensión real, si se midiera solamente en los hechos y sobre el desafío objetivo que representa la "mundialización", con sus consecuencias en el conjunto de la Tierra. Si se tratara de la dificultad concreta de luchas contra las catástrofes objetivas, además inseparablemente naturales y técnicas, contra los tsunamis y los riesgos nucleares sin olvidar su combinación (pensamos en Fukushima), entenderíamos que estamos intimidados, pero no paralizados, estupefactos, pero no abatidos. Lo que conduce la sentimiento de desposesión (íbamos a escribir de "depresión", lo que tampoco habría sido falso), es también otro aspecto: es el hecho de que la mundialización, muy lejos de reducirse a una puesta en relación, incluso peligrosa, de todos los humanos, por el contrario asocia a una solidaridad más grande que nunca, una separación e incluso una atomización, más grande y más peligrosa que nunca. Sentimos que la mundialización es la interacción, pero inconsciente, involuntaria, e incluso conscientemente negada y rechazada, de miles, de millones de acciones llevadas de manera separada y que no preocupan por sus consecuencias (sobre los otros, pero también sobre los propios actores). Estamos presos de un doble vértigo: delante de la interacción universal y delante de la indiferencia universal. Y es aquí donde se encuentra la fuente de un desconcierto general que no debemos dudar en llamarlo antropológico, aún cuando no se trate de reducirlo a los efectos de la acción humana sobre la naturaleza (idea insuficiente del "Antropoceno" lanzado por algunos para alertarnos, pero que a la fuerza orienta sobre las relaciones con la "naturaleza"). Es que nosotros vivimos una transición ante todo en la historia de los humanos, que es la que conduce al trauma del mundo, de manera que la orientación histórica es necesaria para la orientación geográfica, y que nosotros tenemos en principio una necesidad de una brújula de las pasiones antes de tener una nueva rosa de los vientos.

Eso que es más peligroso, es por lo tanto esta otra cara o faceta de la mundialización. Pero ella reenvía a un aspecto más general en el que ella es solo una "crisis" o un "pico" agudo y ciertamente mortal, un desafío de la interdependencia vital y social en general, pero donde la mundialización acentúa en principio un aspecto singular al que podemos llamar, en sentido amplio, "económico".

Un desafío económico

No es casualidad, si la primera imagen que nos viene a la memoria de la "mundialización", antes incluso de su dimensión ecológica siempre vital, concierne efectivamente a su dimensión *económica*. Es que, en efecto, la mundialización contemporánea lleva al extremo, no solo las relaciones económicas entre los seres humanos en el seno de la economía de "mercado", sino especialmente el riesgo mayor que significan esas relaciones, es decir, a *reducirse* al aspecto más abstracto de esas relaciones económicas, de hacer economía, por decirlo de algún modo, del resto de las dimensiones concretas de esta relación. El problema no es tanto la extensión de la economía, como la extensión de una concepción reduccionista de la economía, promovida al rango de modelo general de las relaciones entre los seres humanos.

Que ese riesgo sea bien real, que sea estructural pero que la mundialización económica lo lleve hoy a un pico de intensidad inédita, debe ser señalado en principio en dos planos aparentemente muy diferentes, los más distantes posibles, en apariencia.

El primer plano o el primer nivel concierne a lo que llamamos adecuadamente las relaciones *internacionales*. O más aún, bajo el signo de la mundialización, no el reforzamiento de las mismas que es lo que cabría esperar, sino un debilitamiento inesperado de esas relaciones, que alimenta profundamente ese sentimiento de impotencia democrática frente al avance de la mundialización económica. Por cierto sabemos, desde hace mucho tiempo en qué consisten las "relaciones internacionales". Ellas reproducen a nivel de los Estados, según los grandes teóricos de la modernidad, las relaciones entre individuos frente a la constitución misma de esos estados, esas relaciones que los teóricos (por ejemplo, Hobbes y Rousseau) llamaban el estado de naturaleza y que el primero de ellos (Hobbes) caracterizaba por la célebre y terrible expresión de "guerra de todos contra todos". Es para escapar a esta supuesta guerra entre los individuos en "el estado de naturaleza" que los hombres habrían terminado, según Hobbes, en ese "contrato social" que está en el origen del Estado. Pero, entre los Estados, no debía existir potencia superior, y las relaciones internacionales, eso que los teóricos llamaban el "derecho de la gente" (es decir de los pueblos) está regido por relaciones de fuerza y por el riesgo permanente de guerra. La idea de "comunidad internacional" se impone finalmente por los extremos mundiales alcanzados por la guerra y especialmente por la institución del "crimen contra la humanidad" y de la ONU, pero ella no se opone fundamentalmente, nosotros percibimos diariamente, la permanencia de ese estado de naturaleza entre los Estados (aún cuando se trate de Estados de derecho) y el reino de la fuerza o de la guerra. Mientras tanto hay un nuevo dominio donde esas relaciones entre Estados pueden y deben dar lugar a una organización internacional y es aquel de los riesgos comunes a todos los hombres y en principio, podría parecer, frente a esos riesgos, los intercambios comunes a todos los hombre y, por lo tanto, la mundialización no solo ecológica sino económica.

El problema está aquí. Es que la "mundialización" está acompañada de una organización mínima de la economía mundial (llamada justamente OMC) y especialmente de un vasto movimiento de liberalización de los intercambios económicos sin otras reglas que las del mercado. No es totalmente absurdo temer que la misma comunidad mundial se reduzca a la OMC antes que a la ONU, realizando de esa forma la crítica que muchos dirigen *a priori* a esta comunidad (¡sin ver que esto no es una fatalidad, sino un riesgo, el riesgo, en efecto, de un pico crítico de una enfermedad crónica!).

Un ejemplo de ese diagnóstico crítico es tratado en una serie de libros con el nombre y el contenido entre los más significativos del momento, los *Cosmopolitiques*, publicado en numerosos volúmenes importantes por Isabelle Stengers. ¿Qué problema, cuáles perspectivas podrían ser más importantes que las "cosmopolíticas"? En realidad, debemos pasar de un sentido a otro de esta expresión, o más aún, hacerlas indisociables. La "cosmopolítica" puede designar dos cosas: la política que tiene al "cosmos" o la naturaleza por objeto, o bien aquella que tiene al "cosmos" o al mundo entero como marco, una política del mundo y una política mundial. No obstante, en el comienzo del primer volumen, Stengers ironiza justamente sobre la noción filosófica de lo "cosmopolítico", evocando su formulación más resonante, ¡la de Kant en el *Projet de paix perpetuelle*! Es que, según ella, el derecho inalienable para todos los hombres de circular y de instalarse en la superficie de la tierra, ahora está siendo realizado por las mercancías y por la OMC:

> ¿Detrás de la "visión de un mundo unánimemente sometido a reglas universales" debemos ver la "posibilidad de un comercio sin obstáculos ni malentendidos"? (*Cosmopolitique* I, La nature n'est plus ce qu'elle était", la Decouverte, 2002, p. 228).

Ella agrega:

> No le haremos a kant el dudoso cumplido de ser el precursor de la OMC tal como ella funciona hoy, pero sin dudas es una organización mundial de comercio de lo que se trata (p. 28).

Una vez más, eso es solo un riesgo. ¿Pero qué significa ese riesgo? Él significa, precisamente, que no conservamos de la mundialización más que un solo aspecto de las relaciones entre los humanos, este aspecto "económico" entendido en sí mismo en su aspecto más restringido y sin tener en cuenta ninguno de los otros aspectos y efectos de esta mundialización (por ejemplo sobre la naturaleza) ni tampoco seguramente sobre las ambivalencias, las violencias interiores, y finalmente, las violaciones que esas relaciones pueden entrañar, a escala del planeta entero, *entre los seres humanos.*

La mundialización nos da el sentimiento de escaparnos, no solo porque ella tiene efectos vertiginosos sobre el mundo, sino porque tiene efectos reduccionistas sobre las relaciones humanas, y se restringen deliberadamente a uno solo de esos aspectos no permitiendo darse, sobre este aspecto aislado, un medio de acción que podamos, y debamos decir político.

Es de ese modo que el riesgo mayor de la mundialización lleva sobre el concepto de las relaciones humanas que concierne, no solo a las relaciones internacionales, sino a las relaciones más generales entre los seres humanos.

¿Cuál es exactamente ese riesgo? No consiste, según nuestra opinión, en tomar en serio la relación económica entre los seres humanos. Por el contrario, consiste en no considerar esta relación como una relación humana *completa, entera y también,* nos atrevemos a decir, *como las otras.*

Porque, entiéndase bien, la relación económica comienza con la *interdependencia* humana y la necesidad de una sociedad no solo de eso que los sociólogos llaman el compartir, o la *división* del trabajo, sino también de aquello que los filósofos llaman la *cooperación* social. Ninguna sociedad, pero también ningún individuo puede vivir sin esta interdependencia o esta cooperación, que es una solidaridad generalmente desprovista de este reconocimiento que permite transformar o instituir como una solidaridad de derecho. Olvidamos en principio esta condición, y reducimos la relación económica a una relación entre individuos separados y definidos por sus intereses individuales, esperando que de esta relación surja una cooperación y –quien sabe- una paz social regulando las pasiones que pueden conducir a la guerra. De esta forma, no partimos de la interdependencia y de la cooperación para llegar a la individuación, que sin dudas es el mayor beneficio, sino que hacemos la inversa: partimos de individuos supuestamente como tales y a partir de aquí reconstituimos sus relaciones, eso que así es imposible y desesperado.

Esto no es aquí una crítica sumaria, y, con esta descripción no estamos en los rasgos más graves que definirán el "ultra-liberalismo". En efecto, la concepción económica de las relaciones humanas tiene su grandeza moral en su concepción inicial. Ella consiste en partir de individuos considerados como iguales no solo en función de intereses abstractos, sino en función de prioridades vitales y morales. Eso que llamamos, y que en Francia tiene un toque de desconfianza, la escuela del "utilita-rismo" es en realidad profundamente democrática. Consideramos cada individuo como igual con sus placeres y sus penas, y la justicia consiste en maximizar a los primeros y minimizar a los segundos, y también hacerlo a nivel social en virtud de una concepción cuantitativa de "interés general" (el interés más grande posible) que es generalmente la incumbencia de la justicia social más concreta, aún cuando no es suficiente.

No se trata aquí de caricaturizar al utilitarismo (que no es ultra-liberalismo y que sostiene algunas reivindicaciones morales, a veces radicales como en el caso del derecho de los animales) y la importancia de la formalización profundamente democrática de la relación "económica". Pero es cierto que, cuando reducimos las relaciones humanas, y la relación económica concretamente, a esta dimensión, ¡nos falta, olvidamos, negamos o desconocemos todas las demás! Y en esas otras dimensiones no solo está la relación con el mundo o la ecología, o más aún generalmente todas las condiciones vitales de la economía (el medio, la calidad de vida, los bienes primarios, las necesidades humanas fundamentales, lo que ciertamente no es poca cosa), pero tenemos también, debemos recordarlo, la dimensión de la violencia o más aún de la violación, la exigencia de justicia y en principio el rechazo a la injusticia. Olvidamos que la relación económica es una dimensión humana, no solo vital y cósmica, sino política y moral. Por lo tanto, he aquí un nivel crítico o un "pico" peligroso.

El ultra-liberalismo comienza precisamente en este punto. Comienza en el momento en que, bajo la cobertura de una libertad individual de defender intereses considerados como absolutos, negamos u ocultamos en el mismo momento dimensiones de la vida y del poder que están también en el corazón de los intercambios de bienes y de trabajo entre los humanos de una sociedad. Esta reducción es un pasaje, en última instancia, teorizado conscientemente por autores que son también los teóricos de la desregulación política y teorizaron los dos polos extremos de la negación de la interdependencia que caracteriza a la vez a la mundialización y la individualización, ¡aún cuando ella está en la cima de las relaciones humanas!

Medimos lo que está en juego. Él concierne a todas las relaciones y convoca a una política, que podría resumir el presente ensayo o abrirlo hacia un horizonte más preciso. Debemos por lo tanto, volver en principio sobre la mundialización y la forma en que las instituciones (una vez más) de la democracia constituyen una respuesta, tal vez la única respuesta, al desafío de la interdependencia que la amenaza, y con ella la construcción humana del mundo, antes de volver sobre las relaciones vitales y morales entre los seres humanos, de manera más general.

Las instituciones internacionales

Podemos definir en una simple fórmula, en función de todo lo que precede, lo primero que está en juego en una institución democrática que responde, en principio, al desafío "mundial" o al desafío de la "mundialización": esas son instituciones que tomaran en serio y lucharan realmente *contra la violencia interior de la humanidad considerada como un todo* sobre el planeta (*y mas allá*).

Porque finalmente y como siempre, hablar de interrelación y de interdependencia, no es en el plano del planeta como en el proyecto de los individuos, ceder al menor angelisismo y a la menor "idealización" moral. Muy por el contrario, es admitir aquí y en todas partes la posibilidad de eso que hemos llamado la *violación* entre los humanos, con sus efectos (aquí como en todas partes) sobre su mundo común. Sin embargo es cierto, (lo vimos al comienzo de esta investigación) que tenemos la tendencia, desde los comienzos de la humanidad, a oponernos a la violación, como violencia interior en una relación o en un grupo humano (una pareja, una familia, una sociedad, una nación), y las violencias exteriores, donde el modelo y la amenaza siguen siendo por definición eso que hemos encontrado en numerosas versiones: la *guerra*. Es también la amenaza existencial de esta violencia, especialmente con el terrorismo, que vienen a aplastar, ahogar, incluso a veces hacer olvidar a la otra amenaza existencial que es la violación, como violencia interior a las relaciones más vitales entre los humanos. Es siempre la guerra la que asfixia a la democracia. Ella ahoga su aspiración y oculta su propio objeto, la violación. Y el hombre o la mujer de bien es aquel o aquella que resiste esta asfixia, es Antígona rechazando que, en nombre de la guerra, perpetuemos el fratricidio más allá incluso de la muerte, hasta rechazar, una vez muertos los hermanos, que podamos enterrarlos en el respeto de las leyes y del ser. El obstáculo reside por lo tanto, en esta presión de la violencia exterior, en esta presión de la guerra, que supone que consideremos a los grupos humanos como ajenos los unos a los otros.

Pero eso que se produce de hecho, y que debe además entrar en el derecho, es la inversión de esta perspectiva y la invención de otra posibilidad, no solo con el derecho internacional de la guerra, o los tribunales internacionales nacidos de los inmensos abusos guerreros del siglo XX, sino también con la cosmopolítica de la naturaleza y de las cuestiones ecológicas del momento presente. La ONU y después la Sociedad de Naciones, es la salida de la guerra, ella esboza una suerte de regulación de la guerra, es decir, en el fondo es el comienzo de una consideración de la guerra, no como un "estado de naturaleza" y de relación exterior, sino como una violación interior de las relaciones entre los humanos. Y la noción de crimen contra la humanidad es seguramente el primer signo, de manera que el genocidio, que había sido considerado como un hecho *de* o *en* la guerra, se muestra como su misma esencia.

Sabemos que un neofascista francés lo había considerado un "detalle de la historia", pero esta expresión no es solo un insulto y una violación, una prolongación del mismo genocidio por otros medios, es también y antes que nada un profundo contra-sentido histórico: porque el genocidio no es un detalle de la guerra, él muestra su verdad. Y aprendimos que la guerra en sí misma una violencia interna de la humanidad y no solo una violencia exterior entre grupos humanos considerados como herméticos o como "cerrados". De esa manera, el ascenso progresivo y difícil del derecho internacional, de los tribunales internacionales, para los genocidas y los crímenes contra la humanidad tiene algo de esencial. Muestra cómo la institución de lo negativo constituye un verdadero progreso democrático mundial, porque da a la democracia un nuevo objeto: la violación internacional como violación inter-humana y relacional, al mismo nivel que la violación íntima o la violación en un Estado determinado. Pero la institución internacional de los riesgos ecológicos globales es también un avance importante en esta dirección, con numerosas condiciones que debemos enunciar brevemente, sin poder desarrollarlas más adelante.

La primera condición es seguramente sencilla de comprender. Si la institución democrática mundial consiste por definición en luchar contra las violencias interiores de la humanidad considerada como un todo, eso conlleva a que los riesgos que llamamos "ecológicos" deban ser considerados *en principio*, si bien seguramente no de manera exclusiva ni únicamente, como violencias, o más aún como violaciones *entre los humanos*. Seguramente, luchas contra esas violaciones se realizan bajo el signo de la degradación del mundo en común, y es esta degradación o esta destrucción la que hace tomar conciencia a los humanos de su interdependencia y de su fragilidad común. Debemos proteger la "naturaleza", los seres vivos, más allá de lo humano, hasta las últimas condiciones de la vida en la atmósfera y el espacio, pasando por todas las formas de vida animal y vegetal y sus medios o sus mundos. Pero esta protección no puede pasar más que por la definición de las amenazas y de los medios que muestran la acción de los seres humanos no solo sobre su "medio ambiente", sino por *los unos a la vista de los otros*. La motivación o la justificación de la degradación, juzgada "egoísta" del medio ambiente por tal o cual país, es siempre una motivación de justicia o un sentimiento de injusticia. Y en efecto, ¿por qué todos los países y todos los humanos no deberían tener el mismo nivel de desarrollo, cualesquiera fueran las consecuencias sostenibles o insostenibles? Y cuando tal o cual asociación o doctrina propone que uno haga elecciones entre la protección de los animales o del mundo por un lado y la de los humanos por otro, su muerte o su pobreza, el medir esos dos elementos nos choca profundamente y con razón ¡porque ella sella una violación íntima y fundamental de eso que nos constituye como sujetos, capaces justamente de interesarnos por el mundo! El mundo es eso que surge entre los humanos y que puede ser destruido por ellos, no muy lejos de que sean los humanos que surgen en el mundo y solo puedan ser destruidos por él y su supuesta fuerza bruta.

A partir de ese momento, entendemos por qué las instituciones internacionales que discuten el clima, las COP, no tienen nada de insignificante, aún cuando sus objetivos y sus resultados no parecen estar a la altura "objetiva" de los desafíos constatados por la ciencia (que juega aquí un papel fundamental). Es que el primer objetivo de esas reuniones no es tanto su objeto como su marco y su propia *institución*. Ellas no tratan, por ejemplo, los dos grados de recalentamiento fijados como el límite de lo sustentable para el planeta en nuestro siglo. Pero si tratan en instituir entre los humanos, y esto también de manera precaria y frágil, un acuerdo sobre este límite y de un procedimiento para tener éxito, de manera de considerar los actos que transgredieran ese procedimiento como violaciones interiores de las relaciones finalmente formalizadas y que permitan considerar a la humanidad como un todo. No se trata de una supuesta "democracia mundial", sino de instituciones democráticas internacionales, obteniendo la preservación y en realidad la constitución del mundo no solo como objeto, sino como escenario. Y esto no es una cuestión vital simplemente por su objeto cósmico (el aire y el agua por ejemplo), sino por su dimensión política (contra la guerra y la injusticia).

A esto se suma también otra dimensión, que viene al rescate de la fragilidad de esas instituciones, de las que sin embargo podemos pensar que la fragilidad constatada del mundo (de donde la apuesta por la ciencia y su confianza en ella) vendrá paradojalmente también a sostenerlas, ¡sino a salvarlas! Es otra cuestión, es la participación ciudadana, aquí más que en cualquier otro terreno, la que es constitutiva de la institución democrática. Ella expresa el sentimiento de violación en el seno del género humano en general y comienza a ponerlo en acción, antes y más allá de los Estados. Las ONG lo hacen ya en el seno de la humanidad y en las relaciones estrictamente políticas o de guerra, tal como los Médicos sin fronteras. Los médicos señalaron ya la necesidad de considerar las violencias, aparentemente exteriores como violaciones internas entre los seres humanos. Y la accesibilidad a los cuidados, incluyendo los medicamentos disponibles en el interior de la humanidad, es suficiente para hacer de ella una sociedad política con su justicia y su injusticia. Por definición, entonces, esto identifica a las organizaciones internacionales o a las ONG. Es ese también el caso en lo que concierne a la ecología o a la dimensión cósmica de la cosmopolítica.

Toda institución democrática internacional pasa por una participación ciudadana paradojalmente más vital aún que los mismos Estados, porque se trata también de instituir relaciones entre Estados que se considerarían como exteriores, y forzarlos a reconocer esas relaciones como interiores. Tal es la cuestión de la participación ciudadana e incluso de la movilización individual. Ella es necesaria en todas partes. Pero demuestra el nivel mundial de la "totalidad" de la humanidad que es mucho más que su "apertura" porque supera las vallas que engendran la guerra y se abre finalmente sobre el mundo colectivo.

Debemos subrayar para concluir, que de esa forma, la institución democrática internacional coincide en la interdependencia entre los individuos, de la que no tiene menos necesidad en tanto institución democrática.

Política de las relaciones

Para terminar, entendemos que las relaciones humanas tienen necesidad de la democracia y esto porque aquella consiste en una política de las relaciones. Es que la interdependencia vital entre los seres humanos tiene una doble faz, un destino doble. Ella no es un rumor con el que habría que conformarse para fundar la solidaridad social. Está dividida y polarizada en dos direcciones, o más aún, entre dos fuerzas que se comparten constantemente.

Por un lado, esta interdependencia es *creadora*: ella crea individuos, en sus mismas relaciones. Ellos la olvidan en el bienestar de la vida relacional. Ellos se separan, se enojan, se juntan, se hablan, se miran se escuchan, se comprenden. Ellos trabajan, viajan, inventan. Pero por otro lado, esta interdependencia es destructora o puede llegar a serlo. No porque ella nos encadenaría los unos a los otros y a nuestras necesidades. No se trata en absoluto de interdependencia o de aquello que los ideólogos designan con el nombre de asesinato. El peligro es más grande. Concierne no solo a la dependencia objetiva, sino mucho más a la violencia o incluso a la violación intersubjetiva, que puede sobrevenir en las relaciones más satisfactorias, aquellas que tienen a su cargo remediar la fragilidad humana, y tejer las relaciones de interdependencia, tales como el cuidado y la educación. Hasta en esas relaciones, opuestas en principio, se insinúa la violación, cuando ella tiene lugar en el cuidado, esto se llama maltrato. Por lo tanto hay claramente dos destinos de la interdependencia.

Por un lado desde el ángulo creativo, ella constituye individuos libres, autónomos en el sentido más concreto del término, completos, vivos, abiertos al mundo y a los otros. Por otro lado, ella amenaza con destruirlos y es por esto que respondemos instituyendo un régimen de individualidad humana, bajo un régimen jurídico y democrático, eso que hoy designamos o resumimos a través de *los derechos del ser humano*. Libertad, igualdad e incluso fraternidad, que encontramos aquí y, de ninguna manera por casualidad.

¿Qué debe ser entonces una política de las relaciones? Ella está forzada a tomar las cosas desde otro ángulo, finalmente de alguna manera, por el derecho. Ella plantea en principio a qué individuos hay que respetar absolutamente, a causa de los riesgos del maltrato, y esto en y por el cuidado, por ejemplo, donde es una dimensión constitutiva, tanto del lado de los cuidadores como de los cuidados. El derecho de los enfermos o de los pacientes, la libertad de decidir sobre eso que concierne a nuestro cuerpo y nuestra vida, desde el comienzo hasta el fin, son aspectos esenciales del cuidado en sí mismo, sin el cual él no es posible, o corre el riesgo de convertirse en su contrario. Pero esto incluye el reconocimiento de los cuidadores y de su trabajo, y esas "éticas" del cuidado que generalmente reducimos a buenos sentimientos, están realmente comprometidos del lado de las políticas más radicales del reconocimiento, en contra de los desafíos más violentos de la interdependencia. No olvidemos qué, a quién y por quién nosotros debemos cuidarnos. Tal es la primera vertiente de una política de las relaciones, que no sustituirá a esas relaciones, pero las sostendrá en el apoyo que ellas aporten a nuestras vidas. Sin esta institución democrática de nuestras relaciones, estas correrían el riesgo de volverse en contra nuestra.

Pero seguramente hay otra vertiente que está en primer lugar en nuestras vidas, aún cuando la política democrática solo la encuentra al final, si ella ha sido suficientemente exitosa o feliz. Y es precisamente esta faceta *creadora* de las relaciones humanas, a quien la democracia permite, por las instituciones, por las asociaciones, por la participación, inscribirse en la "cité" y contribuir al progreso del mundo. Tanto como las condiciones de bienestar personal, cuando esto se produce, tenemos tendencia a olvidarlo pero es precisamente porque la democracia forma parte de esas condiciones humanas del bien, que nosotros olvidaríamos, si los riesgos que la amenazan diariamente y que a veces devienen en crisis mortales, no se encargaran de recordárnoslo.

Conclusiones y perspectivas

Una conclusión debe siempre, según los buenos manuales, ser a la vez una síntesis y una apertura, pero esta nos plantea aquí un problema y un desafío particular.

Porque por un lado, si nosotros llegamos a buen término en una síntesis, empujados además por una "actualidad" que no ha dejado de acompañar nuestra investigación y agravar el diagnóstico, eso no sería ciertamente bajo una forma teórica y abstracta, sino mucho más a través de eso que debemos llamar convergencia de los peligros. ¿Es posible que todas las "enfermedades" que hemos tratado de diferenciar y de afrontar, terminen finalmente convergiendo para producir no solo "picos" o "brotes" locales y determinados, sino una "crisis" general capaz de llevarse todo? ¿No vemos síntomas cada vez más netos e inquietantes, tanto global como localmente, en el plano mundial y en el plano nacional, e incluso en las relaciones humanas y en cada una o en cada uno de nosotros? No es difícil sentir esa incertidumbre aquí y ahora.

Pero si ese es el caso, ¿tendremos nosotros también el medio de responder y el diagnóstico propuesto aquí es capaz de ayudarnos? ¿No refuerza la gravedad del problema y del peligro, asumiendo no solo los males exteriores a "la democracia" (y ellos existen tanto como los anti-demócratas y los tiranos), sino también las enfermedades crónicas internas a la democracia, incluso "de" la democracia?

Como podríamos esperar, trataremos de concluir sosteniendo que por el contrario es un buen diagnóstico lúcido el que permite responder a la crisis supuestamente global, en principio comprenderla, pero también encontrar qué vías y qué aperturas precisas nos son accesibles a cada una y cada uno, en cada contexto local y globalmente. Nosotros no transgrediremos por lo tanto esta regla de toda buena "conclusión" que consiste en agregar "perspectivas".

Pero esto no podrá ser solo una apertura retórica y vaga.

Por lo tanto es necesario para conducir una breve y última travesía, aquella de la convergencia de los peligros más flagrantes, que no han dejado de acompañar la escritura de esta investigación, de una manera a veces inquietante. Veremos entonces un último criterio para esas aperturas finales. Precisamente porque la actualidad ha pesado desde el interior sobre la escritura de este libro; ella le dio el criterio interior, realista y subjetivo a la vez, incluso osaríamos decir: realista en tanto subjetivo (y no *solamente* objetivo). Porque este el caso de decir aquí que el efecto de la escritura no puede buscar la transformación del mundo, si ella no ha contribuido al menos a su propia transformación.

Tales serán por lo tanto, las dos breves series de señalamientos que siguen.

¿Cuál convergencia de peligros?

La "convergencia de los peligros" de la que nosotros hablamos aquí puede parecer una expresión o una idea abstracta, también un ensayo de un intelectual acorde con las tendencias de la época.

Pero ella designa en realidad, una convergencia muy concreta sobre algunos puntos precisos y evidenciados por algunos síntomas no menos precisos y realmente peligrosos. Y esto, aunque ya fue lo mismo en otras épocas, no se trata de confundirlos.

¿Debemos, en particular, comparar el período que vivimos con el de los "años 1930"? La cuestión vuelve seguido hoy. Ahora bien, si hay un punto de comparación, es seguramente la convergencia de los peligros para la democracia, que puede hacernos padecer una nueva "era de tiranías", para retomar el título de una conferencia del célebre filósofo Élie Halévy, justo antes de su muerte y el comienzo de la guerra, en 1938, (recientemente reeditado en la serie en curso de sus Œuvres complètes). ¿Qué diagnosticaba Élie Halévy en ese texto extraordinario que inspiró a generaciones de intelectuales, sino una convergencia de peligros? Para Halévy, la génesis de la "era de las tiranías" o de eso que algunos otros después llamaron "totalitarismos" resulta de convergencias que no tienen nada de fatal, en el sentido de que ellas no tienen nada necesario y resultan de coincidencias entre numerosas líneas de hechos, pero que fueron realmente fatales, en el sentido en que ellas produjeron por su encuentro un efecto nuevo y destructivo. En su resumen capital, enviado a la *Sociedad Francesa de filosofía,* Élie Halévy veía en principio tres fenómenos independientes confluir para desembocar en los totalitarismos de la época: el fascismo italiano, el nacional-socialismo (con su guión revelador de tal convergencia, tan opuesto a otra, tal vez el único antídoto, la socialdemocracia) y el estalinismo. Recordemos esos tres fenómenos, que son ciertamente aquellos de ese tiempo y no del nuestro, pero cuya convergencia es reveladora de eso que se opera hoy, entre peligros diferentes en parte, aún si algunos reproducen o continúan también aquellos del siglo XX, que no están terminados para nada.

¿Cuáles son esas tres líneas que terminan por coincidir? En principio es, según Halévy, el efecto de la primera guerra mundial. Esta transformó la naturaleza de las democracias europeas, las "estatizó" en todos los aspectos y no solo los militares. Luego es una tensión interna entre las doctrinas socialistas (incluido el marxismo), divididas entre las versiones estatistas y anti-estatistas, la primera vertiente ganando en muchos casos sobre la segunda. Finalmente es la subida de los "nacionalismos" los que, ciertamente podrían contradecir el aspecto social e internacional de los socialismos, pero que, en convergencia con aquellos y con los efectos de la guerra, amplificado también en algunos países (en aquellos que, como Alemania, habían sufrido el fracaso), terminan por producir el totalitarismo o la tiranía que Halévy ve crecer, y frente a la cual él hace el diagnóstico que fue célebre, de una verdad, pero también de una fragilidad de la democracia. La era de las tiranías se nutre de esta convergencia porque ella es llevada, y por decirlo de alguna manera, gritada en las plazas públicas por los tribunos y las corrientes políticas que no solo no respetan, sino que acusan a la democracia; que no solo no temen, sino que reivindican al totalitarismo. Tenemos esta temida "encarnación", por algunas figuras, por algunas transgresiones, a veces contra algunos enemigos cargados de todo el mal (esos que Girard llama los "chivos emisarios"). Pero esas figuras no serían nada sin esta convergencia de las crisis, que no están aquí sino para evocar la combustión de algunos riesgos crónicos, con una rapidez y una violencia que es propia de las "crisis" y especialmente de sus convergencias.

¿Asistimos hoy a tal convergencia? De nuevo, no es la misma, su contenido difiere. El espectro de dos guerras mundiales, no ha dejado de atormentarnos, ninguna de las dos está terminada, lejos de eso, y el totalitarismo es el mismo, por ejemplo bajo su forma estaliniana, pero nuestro coctel tiene ingredientes específicos aunque no menos explosivos que los de aquel período. Él se nutre, como lo hemos visto, de múltiples puesta en entredicho de la democracia. Estas en apariencia, no son las mismas. Por un lado, rechazamos la confianza y sospechamos por todos lados de la maldad en nombre de las "teorías del complot", y esta desconfianza de la democracia es transmitida y sostenida por Internet. Por otro lado, por el contrario, negamos la división y la violencia en nombre de la unidad de un pueblo que nada sabe de separar ni limitar (salvo, seguramente, de los enemigos donde todo está permitido), y el "terrorismo" agrava esta representación de eso que está potencialmente conducido al racismo. Donde finalmente criticamos en la democracia, la toma a cargo de una interdependencia o de una solidaridad, esos reproches contradictorios que pueden ser enunciados seguramente en los mismos discursos. Podríamos creer que esas líneas de hechos o de crisis no son susceptibles de converger, y sin embargo lo hacen. En nuestra época, ellas lo hacen menos en nombre de las instituciones y del Estado supuestamente representando al pueblo (como en los años 1930, según Élie Halévy) que en una "reivindicación" del pueblo contra las instituciones y el Estado, lo que explica el éxito del "populismo", tanto de la cuestión como de la palabra, y al cual hemos hecho reiteradamente referencia en el curso de esta investigación. No es que el Estado haya "desaparecido". Lejos de eso, el "populismo" actual disfraza un regreso al Estado cuya fragilización es una de sus fuentes, como lo han mostrado numerosos analistas. Pero la convergencia se hace de otra forma, de manera que pueda contentarse con subvertir el interior de las instituciones democráticas, criticándolas y dándolas vuelta (incluyendo su lenguaje), más que pretendiendo construir un nuevo sistema de instituciones. Los adversarios de la democracia de hoy no quieren reemplazarla por el totalitarismo, sino transformarla desde el interior en tiranías. Es por eso también que esta adversidad interior es profundamente democrática, una crisis de la enfermedad interior o de las violencias interiores, que, como lo hemos visto, definen siempre a los adversarios específicos e íntimos contra los cuales se define la democracia.

De cualquier manera, no hay necesidad de teorizar sobre el riesgo de esta convergencia, o sobre su naturaleza, porque los hechos se encargan de presentárnosla, y de probar su posibilidad, por medio de su realidad. El presidente que los Estados Unidos eligió el 8 de noviembre del 2016 (esperemos que esta fecha no entre fuertemente en la historia), ¿qué hizo en su campaña electoral sino reunir de manera sorprendente la sospecha, el racismo y el ultra liberalismo? ¿Qué ha hecho sino nombrar adversarios, reivindicar la unidad de un pueblo y al mismo tiempo alimentar su división y su extrema competencia económica, sin preocuparse de las contradicciones, porque todo puede converger en la crítica de las instituciones que se hacen cargo de las tensiones, las divisiones, pero también las relaciones y la confianza entre los seres humanos? Los psicólogos conocen bien este mecanismo que consiste en acusar aquellos que tratan los males humanos de todos esos males, ¡acusando a los médicos de las enfermedades, como acusamos también a los factores y a los mensajeros de las noticias que ellos traen! Esta convergencia es temible y seguramente se apoya en otra convergencia: ¡la de las figuras y las corrientes que encarnan esta peligrosa unidad en esos contextos y en esos países tan diferentes uno de otros! La nueva "era de las tiranías" que nosotros vivimos, mezcla los mismos ingredientes en los Estados Unidos con el nuevo presidente, en la Rusia de Putin, o en esta China que es a la vez el extremo del ultra liberalismo y del totalitarismo a la vieja escuela, como lo ha mostrado de manera contundente el premio Nobel de la paz que podría haber sido el de literatura, Liu Xiaobo, hecho prisionero por esto e impedido de recibir su premio, él mismo sucesor de uno de los más grandes disidentes de los países del Este, como Vaclav Havel de quien él retoma admirablemente sus banderas, como también las críticas occidentales de la violencia social, que él también ha denunciado también durante de su estadía en Nueva York. Leer a Liu Xiaobo es comprender también, en China, la forma que toma la convergencia de los peligros que nosotros analizamos aquí. Él defiende frente a esto el poder de la verdad y de la literatura, cuando ella enfrenta a la realidad. Pensemos en él, en su prisión.

Tal es la convergencia que se perfila en todas partes sin el menor temor a la contradicción. Sospecha y censura a la vez, difundidas en Internet: racismo y reproducción del terror, ultra liberalismo y corrupción. Subversión especialmente, desde el interior, de las instituciones que se hacen cargo de la lucha contra los diversos males. Ella no es tan grave (por el momento) como en los Estados Unidos, en la medida en que se realiza en el marco de las elecciones y de las instituciones democráticas enmarcados en apariencia, y entendido por los investigadores, los jueces, los expertos y los periodistas. En ninguna parte, la crisis interior había llegado tan lejos como aquí. Debemos ver (sin juegos de palabras sobre el clima, amenazado él también a su vez, en el corazón de esta convergencia de peligros) y sin dudarlo, el clímax de la época.

Esta convergencia toma entretanto, otras formas que la encarnación política, aún cuando una tiranía no pueda separarse de la figura del tirano. Otro síntoma de la convergencia de los peligros, él peligroso en sí mismo, haciendo su retorno hoy y, golpeando todos los espíritus de una forma o de otra, que despierta venenos y contra-venenos, es el anti-semitismo. En él convergen de manera efectiva el racismo, ciertamente, pero también las teorías del complot e incluso el miedo del ultra liberalismo, en razón de (por el complot y la angustia económica) construcciones fantasmales seculares que constituyeron este odio recurrente, verdadero termómetro de las crisis políticas y especialmente democráticas, en cada país y en el mundo. Su retorno o su desarrollo despierta por muy buenas razones, los peores temores, en tanto su brote anterior había suscitado después las reacciones más fuertes, conduciendo a creer no en una vacuna temporal, sino en una curación definitiva. Ese retorno es uno de los que despiertan el mayor temor de todos los retornos. Sin embargo, se trata de una vuelta específica, y diferente. No hay ningún privilegio entre los racismos en particular, ya que todos son pasibles de llevar a la exterminación o al genocidio. Y lo hicieron. Y todos deben ser radicalmente combatidos y prohibidos. Si hay alguna singularidad, ella reside más en la convergencia de los peligros, ninguno combinó a este punto aquellos de complotismo, del racismo y del ultra-liberalismo o de su denuncia. No nos equivocamos en inquietarnos, y en considerar que no es suficiente luchar contra el síntoma, sino contra cada una de las causas en las que se expresa su convergencia, y que conciernen, ¡no solo a aquellos que son su objeto, sino a todo el mundo!

Otro ejemplo puede y debe ser dado de esta convergencia de las exclusiones o de las discriminaciones, en el terreno social, cuando por ejemplo el racismo, el sexismo (en todas sus formas, incluyendo por supuesto la homofobia) o la violencia social se combinan para producir relegaciones extremas, precariedades y opresiones tanto más fuertes y por lo tanto menos visibles que cuando combinan factores de discriminación diferente. Es suficiente ya ser objeto de violencia económica, del racismo o de la sospecha generalizada, para conocer el malestar humano en toda su extensión. Pero ¿qué decir entonces cuando uno es objeto de sus convergencias, y qué tantos manipuladores del discurso, digamos los cínicos supremos, son sus portadores?

La convergencia de los peligros en por lo tanto, en sí misma, un peligro, de los más concretos y que, por su escala política actual, despiertan las fobias de su repetición, tanto como las nuevas formas de sus encarnaciones que podrían dejarnos desesperados o desprotegidos. Pero entonces, ¿cómo podremos responder y el diagnóstico que hemos diseñado, puede ayudarnos? No podemos claramente salir con evasivas frente a esta última pregunta.

¿Cuál convergencia de las luchas?

Frente a esta constatación y a ese regreso o repetición de una convergencia de peligros, la cuestión se plantea efectivamente de la convergencia de los recursos e incluso, para retomar una expresión que caracterizara el período de mayo del '68 en Francia, y que podría denominar efectivamente todo período "revolucionario", de la "convergencia de las luchas". ¿Pero cuál convergencia de luchas? ¿De qué luchas? ¿Convergiendo cómo y sobre qué?

Todos los análisis que preceden conducen a estas preguntas, y a posibles respuestas.

Pero señalaremos en primer lugar un último punto, concerniente a otra serie vital de repeticiones históricas. Porque, como lo subrayáramos trabajando sobre los dos aspectos del *revivir* (repetir y renacer), no está reservado solo a los a las catástrofes o a los eventos negativos extremos, tanto para los individuos como para los pueblos, de no detenerse en el momento donde ellos parecen tener fin, sino por el contrario subterráneamente. Es también el caso de las emancipaciones y de las alegrías extremas, en tanto ellas no recaigan en la catástrofe, un "mismo" suceso puede disociarse en dos, como una revolución que incluye el Terror, o un amor que se transforma en odio. De esa forma, podemos señalar, que nuestro presente no es tormentoso por el espectro de las catástrofes totalitarias, sino también por aquel de las revoluciones democráticas, en la medida justamente en que ellas son reforzadas en realidad, debiendo además también luchar en dos frentes, contra las tiranías en las que ellas se convierten y aquellas que se saben "contener" (como un mal interior), y que ellas no deben dejar llegar. Terrible lucha *justo a tiempo* (por ejemplo en el mundo árabe, pero también en varios lados) de las revoluciones democráticas, sobre las plazas públicas y en la calle de todas las ciudades, escrúpulos democráticos que dejan a veces regresar a los tiranos vencidos, o a demonios tiránicos en tener éxito en dar vuelta la barricada en prisión. Pero este hilo, por más fino y tenso que sea, no se ha roto, y continúa hasta hoy, atravesando el presente y esclareciendo también, en todas los rincones del mundo. La idea de una convergencia "revolucionaria" de las luchas, que comprende en su convergencia la lucha propiamente democrática contra su propio riesgo interior de tiranía, esta idea, inspirada no por un ideal abstracto en el futuro, sino por la continuación de eventos concretos del pasado, ella está por lo tanto activa y es necesario continuar manteniéndola. Ella es objetos de nuestras fiestas y de nuestros bailes, tanto como de nuestros combates y nuestras aspiraciones.

Es por lo tanto una lucha entre dos convergencias generales (y sus repeticiones históricas) que orienta también el presente, y que es conveniente señalar en un comienzo. Pero todo lo que precede en nuestros análisis, conduce también sobre otros aspectos de la convergencia de las luchas democráticas, contra los peligros que amenazan la democracia y sus progresos, así como nuestras vidas con ella.

El primero de los dos aspectos, es precisamente el de luchar contra la convergencia de los peligros, analizando en principio cada uno de ellos de manera separada y luchando contra cada uno de ellos con las armas que él reclama específicamente. Esto no será, por otra parte renunciar el progreso y lo que él tiene de absoluto. Muy por el contrario, como lo hemos visto, si debemos renunciar al mito de un progreso global y definitivo realizado o incluso prometido para el futuro, es porque *cada progreso concreto y real*, apoyado sobre los principios de la democracia contra eso que las violaba, o la regresión que la amenazaba, y es ya un progreso absoluto. En necesario entonces renunciar a la idea abstracta de una convergencia global o a la utopía democrática realizada, para relacionar rápidamente y desde el interior tal cuestión, por mínima que sea en apariencia, tal discriminación revelada y pasada de moda, semejante acceso a tal derecho finalmente hecho posible en tal o cual que era privado, conectar todas esas cuestiones, finalmente, a principios absolutos. Es conveniente que cada uno y cada una siente a la vez un pequeño camino de progresos precisos y concretos en su vida y la relación de esos progresos, no con un rechazo de principios universales, sino por el contrario con su afirmación y sus avances, porque esos dos progresos son indisolubles e inseparables y no se realizarán jamás el uno sin el otro. De esa forma, la condición del progreso real es, sobre el fondo de los principios de la democracia, la separación y no la convergencia de las luchas. Cada lucha tiene un terreno, un adversario y un asunto preciso, que supone la movilización de los actores, de un saber, de una decisión, de una institución y que está relacionada por aquí a los principios más abstractos y a las vidas más concretas.

Pero la inseparabilidad de los peligros y su convergencia actual, indiscutible como venimos de recordar aquí mismo –¿en qué se transformará ella?– Debemos, aquí también, el tomar caso por caso. Es decir, por ejemplo, el sexismo y el racismo. Tenemos razón de luchar tanto en un caso como en el otro. Sin embargo, también es cierto que en Francia, por ejemplo, la convergencia de esas dos luchas sin criterios precisos en cada una de las dos puede conducir a peligrosas confusiones. Por ejemplo, venimos de prohibir determinadas vestimentas relacionadas a una religión pero no poniendo el problema en el mensaje, mezclando argumentos "feministas", "anti-terroristas", y finalmente discriminatorios (a la vista del Islam). Criticamos a una comunidad entera como sexista, y lucharemos de ese modo contra una discriminación, reforzando otra. Pero cada lucha democrática que arremete contra una violencia interior o una violación específica es transversal a toda la sociedad y produce sus propias crisis universales. Esto es la prueba que da lugar también a una convergencia precisa con otras luchas. De ese modo la lucha contra la "violencia conyugal, que es una de las violaciones íntimas más radicales en nuestras vidas y donde la negación democrática y la institución por la ley son sin embargo más necesarias, no concierne a una u otra comunidad más o menos que a cualquier otra. El criterio de una violación no viene a contradecir a aquel que define a otro, el sexismo no contradice al racismo, y para decirlo de alguna manera, el universal concreto de cada violación y de cada lucha, cuando en efecto las luchas podrán converger en el espacio público y en el proyecto de una corriente o de un gobierno o de un Estado. Desde ya que es difícil marca el límite de una violación en un terreno preciso (por ejemplo, en el campo de las relaciones de sexo bajo todas sus formas), y es una de las cuestiones mayores de la vida democrática. Por lo tanto, también es más importante y delicado definir la convergencia de las críticas y de las luchas, no por una confusión abstracta, sino en una precisa articulación que defina un verdadero programa democrático.

Pero ¿debemos conformarnos, por fuera de las revoluciones democráticas, y cuando, incluso las críticas, las violaciones no constituyeron una tiranía, de esta articulación que tiene algo de analítico? Recordemos que en principio esto no es nada. Esto supone todas las movilizaciones, la de los actores, la de los ciudadanos y ciudadanas, la de las instituciones críticas, de los intelectuales específicos y de las ciencias de la naturaleza como de la sociedad, a veces de manera internacional (por ejemplo sobre las cuestiones climáticas, pero también sobre tantas otras cosas), de cada una y cada uno de nosotros. Por lo tanto hay una convergencia de actores y de luchas sobre las cuestiones precisas de cada una de ellas y sobre el fondo de la confianza en las instituciones que esas luchas activas hacen también avanzar en su progreso democrático, contra regresiones bien definidas. Por estar determinadas, ellas no son menos absolutas.

Pero el asunto volverá obstinadamente: más allá de las revoluciones democráticas y de los progresos específicos, ¿qué convergencia y qué resistencia es subjetiva también, frente a la convergencia de los peligros? Es aquí que encontramos nuestro punto de partida, sin poder, seguramente, llegar mucho más lejos. Es que esta convergencia no puede tener lugar en una promesa y en un "futuro" perfectos, que solo pueden ser vacíos y tramposos. Si hay convergencia, ella no se hace con un objetivo abstracto, sino con un origen bien concreto. Es aquella que hemos sugerido y donde cada uno y cada una tiene experiencia. Porque, ¿quién no ha tenido la experiencia de una violación, como ruptura interior de una relación humana? Los grados de esta experiencia pueden variar. Ellos pueden ir desde la traición individual hasta la opresión de una totalidad, incluso de toda la población de una sociedad. En cada espacio, generan dobles sentimientos. Aquel de un peligro íntimo y de una aspiración global, de una fragilidad vital y de principios vitales: "vital", una, en el sentido también de mortal, "vitales" las otras, en el sentido de indispensables, como el pan y el agua.

Los psicoanalistas, Winnicott en particular, lo dicen: en la vida humana, aunque solo fuera después del sufrimiento del lactante, la catástrofe tiene siempre "su lugar", aún cuando por el hecho de las relaciones humanas ella haya podido ser evitada, superada, olvidada. De esa forma, es en el origen de la democracia donde convergen todos los recursos y todas las luchas para enfrentar los peligros que las amenazan. Nosotros conocemos bien esos peligros, porque ellos son crónicos e internos a cada relación y a cada vida humana. Es también por ello que no podemos renunciar, a pesar de las fuertes crisis que la amenazan, a eso que es solo oponer, una aspiración de las instituciones, desde las acciones democráticas, en las que la convergencia no es inventada, porque ella nos hace vivir y avanzar.

Agradecimientos

¿A quién primero? ¿La invitación de Benoit Chantre a estar en sus *Cahiers* (en el sentido de Péguy), a compartir un nuevo "revivir"? Seguramente, hasta el final, y más allá. Pero también la invitación de la Universidad de Rouen para una conferencia que, en enero del 2016, ya trataba sobre "la enfermedades crónicas de la democracia". Y el Seminario del hospital de Beaujon sobre las "enfermedades crónicas", conducido por Olivier Soubrane y Valérie Gateau en el entrecruzamiento del programa de Céline Lefève ("La persona en medicina" y de la cátedra de Filosofía del hospital (con Cynthia Fleury), que permite presentar esta nueva forma de cuidados. Y más allá, los reencuentros del lado del cuidado y de la filosofía del cuidado, de la política y de la filosofía política, de las discusiones con los amigos, tal curso o tal crónica, la imposibilidad de hacerlo de otra forma, gracias a todo esto. También contra eso que la amenaza. Ciertamente los resultados están muy por debajo de esas amenazas; pero como él también está por debajo de esas deudas y de esas relaciones, es que debemos hacer al menos un esfuerzo para resistir a las primeras, gracias a las segundas, y a la inquietud, por la gratitud.

Impreso por TREINTADIEZ S. A. en 2019
Pringles 521 (C1183 AEI)
Ciudad Autónoma de Buenos Aires
Teléfonos: 4864-3297 / 4862-6794
editorial@treintadiez.com